Achtsamkeit und Entschleunigung

Für einen heilsamen Umgang
mit Mensch und Welt

Manfred Folkers

Achtsamkeit und Entschleunigung

Für einen heilsamen Umgang
mit Mensch und Welt

Theseus Verlag

Theseus im Internet: www.Theseus-Verlag.de
Wir senden Ihnen gern unseren Gesamtprospekt zu.

Bibliografische Information Der Deutschen Bibliothek
Die Deutsche Bibliothek verzeichnet diese Publikation in der Deutschen
Nationalbibliografie; detaillierte bibliografische Daten sind im Internet über
http://dnb.ddb.de abrufbar.

ISBN 3-89620-217-0

Lektorat: Vera Baschlakow

Copyright © 2003 Theseus Verlag, Berlin
Die Theseus Verlag GmbH ist ein Unternehmen der Verlagsgruppe Dornier.

1. Auflage, September 2003

Umaschlaggestaltung: Morian & Bayer-Eynck, www.mbedesign.de
unter Verwendung eines Fotos: © Jim Arbogast/Corbis
Gestaltung und Satz: AS Typo & Grafik, Berlin
Druck: Clausen & Bosse, Leck
Printed in Germany

ISBN 3-89620-217-0

Gedruckt auf alterungsbeständigem Papier mit chlorfrei gebleichtem Zellstoff.

Inhalt

Prolog:
» ... und Achtsamkeit üb alle Zeit!«

Eine andere Welt ist möglich

(LEITSPRUCH DER GLOBALISIERUNGSKRITISCHEN ORGANISATION »ATTAC«)

Als ich 18 Jahre alt war und eine Fahrschule besuchte, fiel mir ein Plakat auf. Ein Blick durch die Windschutzscheibe eines Autos zeigte einige Kinder, die auf dem Bürgersteig spielten. Umrahmt wurde das Bild mit dem Satz: » ... und Achtsamkeit üb' alle Zeit!« Dieser Titel entsprach vollkommen den Vorstellungen, die ich damals mit dem Wort »Achtsamkeit« verband: Achtung, Vorsicht, gib Acht, Augen auf im Straßenverkehr. Das Poster hätte also genauso gut mit dem Begriff »Aufmerksamkeit« überschrieben sein können.

Natürlich können Worte eine tatsächliche Achtsamkeitserfahrung nicht ersetzen. Deshalb änderte sich meine Sichtweise, Achtsamkeit mit Aufmerksamkeit gleichzusetzen, auch kaum, als ich dem englischen Wort »mindfulness« begegnete. Wenn ich »achtsam« mit »mindful« übersetzte, bezog ich zwar meinen »Geist« (»mind«) mit ein, aber in der Rückübersetzung verlor er sich wieder. »Achtsam sein« war für mich gleichbedeutend mit einer Orientierung nach außen. Mein Geist war zwar tätig, spielte aber keine Rolle.

Diese Ausrichtung entsprach meinem Umfeld, denn wie viele andere stand ich Mitte der 70er-Jahre einer Innenbetrachtung distanziert gegenüber, vor allem dann, wenn sie spirituell oder sogar religiös begründet war. Ein wenig Psychologie, ein gewisses Interesse für Castanedas »Die Lehren des Don Juan« und kurze Ausflüge in die Fantasy-Literatur (zum Beispiel Tolkiens »Herr der Ringe«) – das musste genügen. Alles darüber Hinausgehende wie Esoterik, Glaubenslehren, Metaphysik und ähnliches galt als versponnen und schien eine Flucht in die Innerlichkeit zu sein. Eine solche Bewusstseinshaltung war damals nicht gerade angesagt.

Weder im Studium noch bei der Arbeit und schon gar nicht in der Öffentlichkeit spielte Achtsamkeit als nach innen gerichtete Fähigkeit eine spürbare Rolle. Wichtig war es, nach außen zu funktionieren. Es galt, Prüfungen zu bestehen, die Anforderungen des Berufs zu erfüllen und sich in den Macht- und Intrigenspielen der gesellschaftlichen Gruppen und Organisationen auszukennen. Wie es einem dabei ging und ob all diese Aktivitäten etwas mit dem eigenen Wesenskern zu tun hatten, das war – wenn überhaupt – nur Thema im privaten Bereich.

Immerhin brachte mich meine Wohngemeinschaft Mitte der 70er-Jahre in Kontakt zur so genannten Alternativ-Bewegung, also zu Menschen, die neue Formen des Zusammenlebens und -arbeitens ausprobierten. Doch bei vielen von ihnen schien die Motivation größer zu sein als die Fähigkeit, Ziele wie Autonomie, Freiwilligkeit und Gleichberechtigung tatsächlich zu verwirklichen. Die beabsichtigten Projekte erfüllten sich nämlich nicht von selbst, sondern verlangten eine intensive innere Arbeit beziehungsweise eine grundlegende Veränderung persönlicher Gewohnheiten. Oft scheiterten die Gemeinschaften, bevor sich durch die Schaffung einer intensiv erlebten Übereinstimmung ein achtsamerer Umgang miteinander entwickeln konnte.

Dennoch ist aus dieser Phase einiges geblieben, was mir später auf meinem Weg zu einem achtsameren Leben hilfreich werden sollte. Ich überwand meine Scheu vor einer psychologischen

Deutung meines Verhaltens, engagierte mich weiterhin in Selbsthilfe- und Selbsterfahrungsgruppen und machte meine ersten meditativen Erfahrungen, indem ich Bio-Energetik und Taijiquan kennen lernte.

Außerdem hatte sich die kritische Haltung mir selbst und meiner Umgebung gegenüber wesentlich vertieft. Einerseits fragte ich mich, wie ich eigentlich zu dem geworden war, der ich bin. Andererseits kam ich angesichts der seinerzeit betriebenen Aufrüstung, des rasanten Wachstums der Erdbevölkerung, dem Bau von Atomkraftwerken, den ökologischen Problemen und den berechenbar werdenden Grenzen des Wachstums zu der festen Überzeugung, dass die Grundlagen der Gesellschaft, in der ich lebte, mittel- bis langfristig nicht haltbar sind. Auf einen Nenner gebracht stellte ich mir die Frage: Wer bin ich und was soll ich tun in einem System, das mit zunehmender Geschwindigkeit offensichtlich auf einen Abgrund zurast?

Ich spürte eine ständig größer werdende Diskrepanz zwischen dem, was ich jeden Tag tat, und dem, was in meinen Augen eigentlich geschehen müsste. Mit dieser Problematik fühlte ich mich zwar nicht ganz allein gelassen, denn der damalige Zeitgeist enthielt vielerlei kritische Elemente, doch eine mich befriedigende Lösung war nicht darunter.

Vor diesem Hintergrund geriet mein Leben zu Beginn der 80er-Jahre auch beruflich in eine Sackgasse, die mich zu grundsätzlichen Veränderungen zwang. Neue Orientierungen fand ich während einer fast zweijährigen Reise durch Asien.

Zwar war es nicht direkt die Sehnsucht nach einem achtsamen Leben, die mich damals in den Fernen Osten trieb, doch der lange Aufenthalt inmitten des asiatischen Alltags schärfte meinen Blick auf die Außenwelt. Auch die während der Reisezeit geübte Gewohnheit der Selbstbetrachtung pflegte ich nach meiner Rückkehr und ergänzte sie durch das Ausprobieren verschiedener meditativer Methoden.

So erkannte ich nun endlich die nach innen gerichtete Bedeutung des Begriffes »Achtsamkeit«. So begriff ich das englische Wort »mind-ful-ness« endlich in seiner Übersetzung als »Geist-voll-heit« und machte mir deutlich, dass der Ausdruck »Geist« mehr umfasste als die Dimensionen Denken und Vernunft. Aus dieser Einsicht erklärt sich auch die Tatsache, warum in diesem Buch so oft von »Geist« die Rede ist. Dieser Begriff stellt für mich die prägnanteste Zusammenfassung von Herz und Verstand, Meinungen und Ansichten, Bewusstsein und Willen, Gehirn und Kopf, Vernunft und Gefühl dar. Mit anderen Worten: »Geist« ist für mich eine Kombination aus Empfinden und Wahrnehmen, aus psychischen Kräften und Bewusstsein.

Auf diese Weise erhielt der ersehnte neue Blick auf die Welt allmählich eine Überschrift: Achtsamkeit. Allgemein umfasst eine achtsame Sicht für mich sowohl die Innen- als auch die Außenwelt, die Verbindung von Geist und Körper und die Verknüpfung von Theorie und Praxis. Achtsamkeit beinhaltet für mich neben einer vorbehaltlosen Betrachtung der eigenen Innenwelt auch immer einen präzisen und angstfreien Blick auf die Außenwelt, also die Betrachtung der gesamten Bandbreite der menschlichen Lebens- und Zivilisationsmöglichkeiten ohne blinde Flecken. Durch dieses Vorgehen lässt sich so etwas wie ein »kritisches Bewusstsein« durchaus in eine Achtsamkeitspraxis integrieren.

Aus der angebotenen asiatischen Methodenvielfalt gefielen mir Taijiquan und Qigong sowie die Geh- und die Sitz-Meditation so gut, dass sie Teil meiner persönlichen Praxis wurden. Diese Methoden überzeugten mich hauptsächlich durch einen einfachen, geradezu genialen Trick, nämlich ihre offensichtliche Langsamkeit. Die reduzierte Geschwindigkeit – bei einigen Systemen bis zum Stillstand – hat eine über sie hinausgehende Wirkung, denn sie ist ohne eine intensive Bewusstheit nicht zu erreichen. Die Vermeidung von Eile und Hektik und das konzentrierte Abbremsen gewohnter Handlungen zwingt zu einer Beteiligung des Geistes und verwandelt das zunächst passiv scheinende »langsam werden« in eine aktive, den ganzen Menschen beanspruchende Tätigkeit. Für diese Vorgehensweise ergab sich bald eine treffende Bezeichnung: Entschleunigung.

Mein Blick auf diese Übungsmethoden galt jedoch von Beginn an auch deren geistig-philosophischen Begründungen, wobei die Lehre des Buddha, das Dharma, in den Mittelpunkt rückte. Im Rahmen dieses Buches werden deshalb einige zentrale Überlegungen aus Buddhas Lehre für den unter dem Leitthema »Achtsamkeit« stehenden Gang durch die wichtigsten Bereiche des Daseins herangezogen. Dabei verwende ich das Dharma nicht als Glaubenssystem, sondern als ein kritisches und in die Tiefe gehendes Hilfsmittel.[1]

In diesem Buch geht es mir darum, die vielfältigen Dimensionen von Achtsamkeit und Entschleunigung näher zu beleuchten, und zwar sowohl in Bezug auf ihre individuellen als auch ihre gesellschaftlichen Wirkungen. Darüber hinaus enthält es eine Vielfalt konkreter Anregungen und Übungen, wie man Achtsamkeit und Entschleunigung im täglichen Leben pflegen und integrieren kann. Insbesondere die etwas ausführlichere Darstellung von fünf Methoden (Geschmeidigkeit, Qigong, Taijiquan, Sitz- und Geh-Meditation) soll Ihnen ein Gefühl dafür geben, welche heilsamen Wirkungen ein Mangel an Eile, Langsamkeit und eine bewusst reduzierte Geschwindigkeit haben können. Vielleicht werden Sie dann die Erfahrung machen, dass ein beruhigter und gefestigter Geist seinen Anteil an der bewussten gelassenen Annahme der gegenwärtigen Erfahrungen wesentlich präziser wahrnehmen und weitaus achtsamer und heilsamer erfüllen kann als ein flinker, aber flatterhafter und abgelenkter Geist.

Ansprechen möchte ich mit meinem Buch gerade diejenigen, die sich als – im weitesten Sinne – politisch, gesellschaftlich und ökologisch aktive Menschen verstehen. Wem ein Engagement für die Mitmenschen und die Umwelt zu einer selbstverständlichen Lebenshaltung werden soll oder schon zur Gewohnheit geworden ist, wird die Bedeutung von entschleunigten und achtsamen Handlungsweisen leicht erkennen: Sie dienen in erster Linie einem heilsamen Umgang mit Mensch und Welt.

Außen Vielfalt, innen Nebel

Es gibt nur ein Ziel: Man muss sich entwickeln.
JANWILLEM VAN DE WETERING[1]

Die ersten Töne, die viele Menschen morgens beim Aufwachen wahrnehmen, sind ein schrilles Piepen und entstammen einem kleinen Wecker. Möglicherweise ist es genau 7 Uhr, doch die Gedanken gelten zunächst der gefühlten Zeit, die irgendwo zwischen 4 und 6 Uhr angesiedelt wird. Ähnliche Wahrnehmungen können sich einstellen, wenn das Ende einer U-Bahnfahrt, der Beginn der Mittagspause oder der Start einer bestimmten Fernsehsendung erwartet wird.

Sich aus der Gegenwart wegzudenken ist ebenso zur Gewohnheit geworden wie ein gedanklicher Wechsel des Ortes. Wer vor dem Computerbildschirm sitzt, wünscht sich vielleicht, eine blumenübersäte Wiese zu sehen. Im Postamt stünde man gern in einer anderen Schlange, in der es zügiger vorangeht. Und statt in der Schule Grammatik zu lernen, möchte frau lieber mit Freunden in der Diskothek tanzen. Es gibt sogar Menschen, die sich in den Bergen ans Meer oder am Strand auf felsige Gipfelpfade träumen, und die sich im Gedränge nach Einsamkeit oder beim Alleinsein nach einem Fest mit vielen Menschen sehnen. Mit dem Geist aus dem Hier und Jetzt herauszutreten ist eine einzigartige Begabung des Menschen, doch in kaum einer Epoche der Menschheitsgeschichte scheint diese Fähigkeit so intensiv gefördert zu werden wie in der heutigen Zeit. Ursache hierfür ist nicht nur die unüberschaubare Vielfalt, die diese Welt bietet, sondern auch die relativ unkomplizierte Möglichkeit, an diesem Variantenreichtum teilzuhaben.

Diese Vielfalt wird in der Regel als Wunder aufgefasst, und aus ihr auswählen zu dürfen gilt als Privileg, als Beweis für Freiheit und als Erfüllung eines Lebenssinns. Weniger wahrgenommen wird dabei die Tatsache, dass jede Entscheidung für etwas auch eine Absage an etwas anderes bedeutet.

Die Freude über die Vielgestaltigkeit der Außenwelt führt nicht selten zu dem Gefühl, gleichsam in ihr zu ertrinken, denn ihre Angebotsvielfalt bietet permanent die Chance, sich von sich selbst abzulenken. Diese Orientierung nach außen verhindert aber den Blick nach innen und lässt ihn oft genug als unergiebig und lähmend erscheinen.

Wem Abwechslung und Zerstreuung zur Gewohnheit geworden sind, stellt bei einer Innenschau nicht selten Rastlosigkeit und Unsicherheit fest. Das bunte Programm, das die Außenwelt zu bieten hat, erzeugt im Kopf eine Art Nebel, der nur schwer zu durchdringen ist. Die Gründe, warum bestimmte Dinge aus dem großen Spektrum der Möglichkeiten ausgewählt werden, sind kaum richtig zu durchschauen, und sie sind alles andere als beständig.

Auf diese Weise kann sich schnell ein Gefühl der Unzufriedenheit einstellen. Ist der neue Job oder das rote Auto, ist das begonnene Fitness-Programm oder die aufgehellte Frisur, ist der noch schnellere Computer oder das Zweitstudium tatsächlich das, was man haben möchte, wie frau sein will? War es wirklich der eigene Wunsch, das zu besitzen, was man hat, oder das zu sein, was frau darstellt? Bei einer genauen Betrachtung der eigenen Gefühlslage wird oft eine Nichtübereinstimmung mit dem Ergebnis, eine Differenz zwischen Wunsch und Wirklichkeit festgestellt. Kein Wunder, wenn sich dann der Blick lieber wieder nach außen wendet, nach weiteren Gelegenheiten sucht und durch eine neue Auswahl endlich Befriedigung zu finden erhofft.

In der heutigen Zeit wird diese Diskrepanz bei vielen Menschen durch eine weitere Tatsache verstärkt, die eine ehrliche Selbstbetrachtung unbehaglich macht: Sie möchten anders sein, als sie sind. Männer möchten eine erfolgversprechendere Berufsperspektive, Frauen möchten nicht immer die Rolle spielen, die von ihnen erwartet wird; Ältere möchten gern jünger sein oder zumindest so erscheinen; Jugendliche wollen ihren ständig wechselnden Vorbildern ähneln. Und fast alle bemühen sich, nach außen hin ruhiger, glücklicher und stabiler zu wirken, als sie es tatsächlich gerade sind.

Auf dieser Grundlage ist es natürlich nicht gerade einfach und befriedigend, eine Wahrnehmung zuzulassen, die das Innenleben mit einbezieht. Schließlich werden dadurch Unklarheiten und Verdrängungen bewusst gemacht. Da die Entdeckung dieser widersprüchlichen Zustände nicht automatisch zu ihrem Verschwinden führt, werden sie möglichst umgehend wieder mit dem Mantel des Schweigens umhüllt und durch verstärkte Ablenkungen dem Reich des Vergessens anheim gegeben.

So bleiben Achtsamkeit und Bewusstheit für die meisten Menschen zwei von vielen eher untergeordneten Fähigkeiten, die sie überwiegend nach außen richten und die eher einer Haltung von Distanz, Vorsicht und Reaktionsbereitschaft entsprechen als einer geistigen Erfahrung.

Dennoch bleibt festzustellen, dass Achtsamkeit unteilbar ist, da im Prinzip jeder Mensch überall und jederzeit fähig ist, achtsam zu sein. Selbst der schlimmsten Hektikerin, dem größten Umweltfrevler und den coolsten Kids ist es grundsätzlich möglich, sich der eigenen Handlungen und Gefühle bewusst zu werden, sich Gedanken darüber zu machen und andere Verhaltensweisen zu erproben.

Nach außen hin lässt sich diese Fähigkeit schnell sichtbar

machen. Nervöslinge werden ruhiger, wenn sie ein Baby im Arm halten, jeder Tollpatsch passt auf, wenn er durch ein Dornengestrüpp geht, und gelangweilt scheinende Jugendliche werden hellwach, wenn sie sich in ihr Hobby vertiefen.

Aber auch als nach innen wirkende Eigenschaft ist Achtsamkeit in jedem Menschen vorhanden, obwohl sie nicht immer so leicht zu erkennen ist. Wegen der Außenorientierung der heutigen Gesellschaft wird diese menschliche Qualität weder besonders gefördert, noch wird sie thematisiert. Gespräche über Motive, Wahrnehmungen und Einsichten bei eigenen Handlungen sind sogar im privaten Bereich relativ selten. Und wenn so ein Gespräch doch einmal stattfindet, wirkt es manchmal unbeholfen und diffus und wird deshalb oft belächelt: Für viele ist dies ein weiterer Grund, es zu unterlassen. Manche haben noch nie in Bezug auf sich selbst ernsthaft über Mitgefühl und Lebenssinn gesprochen oder gar ihren eigenen Geist ins Blickfeld einer eingehenden Betrachtung gerückt. Einige nehmen sogar das Wort »Liebe« nur beim Mitsingen und den Begriff »Angst« niemals in den Mund, selbst wenn dieses Gefühl ein bestimmender Faktor ihres Lebens ist.

Vielleicht haben Sie an dieser Stelle Lust, eine kleine Übung zu machen. Machen Sie es sich bequem. Lehnen Sie sich zurück oder legen Sie sich einfach hin. Schließen Sie die Augen und atmen Sie dreimal tief ein und aus, bevor Sie sich soviel Zeit, wie Sie möchten, nehmen, um über Achtsamkeit nachzudenken. Versuchen Sie dabei aber nicht, zu einem Ergebnis zu kommen. Lassen Sie einfach das Gelesene auf sich wirken. Entspannen Sie sich. Genießen Sie sich so, wie Sie sich jetzt fühlen, so wie Sie jetzt sind.

Wer sich mit Achtsamkeit beschäftigt, verknüpft damit meist mehr oder weniger präzise Vorstellungen und Erwartungen. Für die meisten scheint es mindestens eine Voraussetzung zu geben, um achtsam sein zu können: innere und möglichst auch äußere Ruhe.

Damit rückt Achtsamkeit in die Nähe von Meditation, denn Meditation beinhaltet, innezuhalten und hinzuschauen, zur Ruhe zu kommen und genau zu betrachten, ruhig zu werden und selbst zu sehen. In diesem Sinne meint meditieren nichts anderes, als sich selbst zu entschleunigen und achtsam zu sein. Diese Begriffsbestimmung lässt sich direkt auf eine alte buddhistische Beschreibung zurückführen, die ebenfalls zweiteilig ist. Unter *shamatha* wird das »ruhige Verweilen« und die »Beruhigung des Geistes« verstanden, während *vipassana* eine »besondere Einsicht« und ein »intuitives Erkennen der Merkmale des Daseins« bedeuten.

Entgegen eines weit verbreiteten Vorurteils bedeutet Meditation also keineswegs Rückzug aus der Gesellschaft oder Konzentration auf die angenehmen und ruhigen Bereiche des Lebens. Meditation ist vielmehr eine Methode, das eigene Bewusstsein mit allen Aspekten der Wirklichkeit in Kontakt kommen zu lassen. Die köstlichen Erdbeeren aus dem Garten geraten dabei ebenso ins Blickfeld wie die hungernden Kinder in Somalia. Wer sich über Liebe und Mitgefühl freut, darf das Vorhandensein von Wut und Ärger nicht völlig verdrängen. Und wer über das Entstehen beispielsweise einer Kartoffel meditiert, sollte sich auch ihrer Funktion als Nahrungsmittel und ihrer Verwandlung in Dünger oder Kompost bewusst sein.

Die verschiedenen Meditationsformen sind Methoden, »um den Geist zu sammeln, ihn zu beruhigen und zu klären wie die Oberfläche eines aufgewühlten Gewässers, auf dessen Grund man nur schauen kann, wenn die Oberfläche still und das Wasser klar ist«[2].

Im Grunde sind Meditation und Achtsamkeit kaum zu unterscheiden. Meditation kann als Hilfe gesehen werden, um achtsam(er) sein zu können, Achtsamkeit bezieht Äußeres mit ein und wirkt damit dem Missverständnis entgegen, Meditation sei lediglich nach innen gerichtet und könne ausschließlich beim Rückzug in einen Schonraum praktiziert werden.

Achtsamkeit ist also unteilbar, und zwar in jeder Hinsicht. Es gibt keinen Menschen, der grundsätzlich nicht achtsam sein kann. Es gibt keinen Ort, wo es nicht möglich ist, ein bewusstes Verhalten zu probieren. Und es gibt kein Gebiet des Lebens und der Wirklichkeit, das nicht von Achtsamkeit erfasst werden kann.

Insofern eignet sich diese menschliche Fähigkeit nicht nur sehr gut dafür, um einen Blick auf alle Bereiche der Gesellschaft zu werfen. Achtsamkeit kann darüber hinaus ein wichtiges Instrument für die bewusste Weiterentwicklung eben dieser Gesellschaft sein. Dabei weist die Fähigkeit des Menschen, immer noch ein wenig achtsamer sein zu können, deutlich auf die Chance hin, eine andere und möglicherweise bessere, nämlich achtsamere Welt gestalten zu können.

Mindestens zwei Hinweise sind allerdings nötig. Erstens gibt es nur einen einzigen Zeitraum, in dem achtsames Leben stattfinden kann, nämlich die Gegenwart. Das unachtsame Verhalten von gestern kann ich heute nicht ändern, sondern nur daraus lernen. Genauso kann ich mir zwar vornehmen, morgen achtsam zu sein; ob ich es bin, wird sich erst dann zeigen. Zweitens ist Achtsamkeit nicht delegierbar. Keine andere Person kann für mich achtsam sein, wie dies auch umgekehrt nicht möglich ist. Ich kann nur versuchen, achtsam mit dem oder der anderen umzugehen.

Vor dem Hintergrund, dass es keine »objektive« Achtsamkeit gibt, sondern sie von jedem einzelnen Menschen selbst erfahren und geleistet werden muss, lässt sich Achtsamkeit in einer fünfteiligen Definition so zusammenfassen: *Achtsamkeit ist die bewusste, gelassene Annahme der gegenwärtigen Erfahrung.* Mit anderen Worten: Achtsamkeit findet ausschließlich im jetzigen Moment statt; sie kann nur in einem wachen Bewusstseinszustand erfolgen; sie ist individuell; sie muss gewollt und begrüßt werden; ihre Ausübung bedarf der Gelassenheit.

Für diese Übung benötigen Sie einen Bleistift (es kann auch Ihre Brille oder ein Taschentuch sein). Sie sollten sich nun mindestens 10 Sekunden Zeit dafür nehmen, den Stift vor sich auf den Tisch oder neben sich auf das Sofa zu legen. Sie können die Intensität dieser Übung steigern, wenn Sie die Bewegung des Ablegens auf eine Minute ausdehnen. Schauen Sie sich den Stift in Ihrer Hand vor Ihren Augen genau an. Dann beginnen Sie, den Arm zu bewegen, so dass sich Ihre Hand allmählich von Ihrem Gesicht entfernt. Nach 30 Sekunden haben Sie die halbe Strecke zur Tischplatte zurückgelegt. Versuchen Sie, diese Geschwindigkeit beizubehalten. Dabei können Sie den Vorgang des Ablegens in allen Einzelheiten beobachten.

Anmerkung: Sie müssen es ja nicht gleich so übertreiben, wie ich es einmal in einem japanischen Nô-Theaterstück gesehen habe. Während im Vordergrund eine äußerst übersichtliche Handlung ablief, hatte der Schauspieler im Hintergrund nichts anderes zu tun, als eine Rose vom Boden aufzuheben. Er begann damit zu Beginn der Aufführung um 20.15 Uhr. Nach einer halben Stunde hatte er den Vorgang des Bückens abgeschlossen und ergriff die Blume am Stiel. Um 21.20 Uhr – 10 Minuten vor Ende des Stückes – hatte er sich wieder ganz aufgerichtet, hielt sich die Rose vor seine Nase und schnupperte daran. Leiser Kommentar meiner Platznachbarin:»Solch einen gesunden Rücken möchte ich auch haben!«

In der Gegenwart anzukommen und heimisch zu werden ist viel schwieriger, als oftmals angenommen wird. Zu sehr ist der Geist in Bewegung, schweift hierhin und dorthin. Bildlich lässt er sich gut mit einem wilden Affen vergleichen, der ständig von Ast zu Ast springt. Eine Werbeanzeige für Autos machte dies deutlich, indem sie mit der Feststellung begann: »Der Mensch denkt!«, um dann fortzufahren, »86 400 Gedanken am Tag!«. Das wäre inklusive der Nachtstunden ein Gedanke pro Sekunde – vermutlich werden einige von Ihnen diese Zahl noch höher ansetzen.

Selbstverständlich verändert sich das Leben ständig, es ist permanent im Fluss. Viel seltener als gedacht ist es deshalb möglich, »Herr des eigenen Geistes« zu sein. Die Gegenwart ist immerzu in Bewegung, aber wer ist schon im Einklang mit ihr?

Viele Menschen befinden sich in einem permanenten Kampf mit ihrem augenblicklichen Zustand. Wer ist wirklich zufrieden, gelassen, ungestresst, wunscherfüllt, nicht getrieben? Selbst der Körper ist oft rastlos und steht unter Hochspannung. Er kann nicht still sitzen, ist zappelig und sucht ständig nach Aktivitätsmöglichkeiten. Wie soll in solch einem Körper ein ruhiger Geist wohnen?

Die Grundlage für alle achtsamen Erfahrungen ist der Versuch, zu sich zu kommen und etwas Ruhe zu finden. Aber wie ist das zu erreichen? Es gibt im Gehirn keinen Ein-Aus-Schalter mit der Aufschrift »Ruhe«. Und nach einem hektischen Tag sofort eine halbe Stunde oder länger unbeweglich auf einem Meditationskissen zu verbringen? Das klappt bei Beginnenden normalerweise nicht auf Anhieb. Im Gegenteil. Wer sich gleich am Anfang seines Weges zu einem achtsameren Leben auf diese Weise überfordert, verliert manchmal schnell das Interesse.

Gleichzeitig dürfte deutlich geworden sein, dass durch eine innere Beruhigung auch einige verdrängte Gewohnheiten entdeckt und möglicherweise verändert werden können. So haben viele Berufstätige täglich das Gefühl, »ihren Kopf am Fabriktor abzugeben«, um sich möglichst wenig Gedanken über den Sinn und die Auswirkungen ihrer Arbeit machen zu müssen. Manche Stunde vor dem Fernseher erweist sich eher als Ablenkung denn als Anregung des Bewusstseins. Und beim erstmaligen Besuch eines Qigong-Kurses stellen viele Teilnehmende fest, dass sie in ihrem ganzen bisherigen Leben noch niemals einen achtsamen Atemzug getan haben.

»Eigentlich bin ich ganz anders – leider komm ich so selten dazu.«

Seit 1989 begleite ich Wochenend- und Wochenseminare zu Themen wie »Achtsamkeit und innerer Friede«, »Die Entdeckung der Langsamkeit« und »Buddhistische Anregungen für unser Leben«. Diese Seminare werden von Volkshochschulen durchgeführt und sind zum Teil als Bildungsurlaube anerkannt, was ihren offenen und öffentlichen Charakter unterstreicht.

Zu Beginn der Seminare stellte ich häufig die Frage: »Was motiviert Sie, mehr über Achtsamkeit zu lernen?« Zur Antwort bekomme ich Aussagen, die Ihnen vielleicht auch nicht fremd sind:

»Mein Alltag ist sehr hektisch. Ich bin gern berufstätig, aber in letzter Zeit fühle ich mich oft überfordert. Ich komme nicht mehr richtig zu mir selbst. Ich stehe irgendwie neben mir. Wie soll ich da auf andere zugehen?«

»Ich möchte zur Ruhe kommen, Zeit für mich haben, die Seele baumeln lassen, Distanz zum Alltag kriegen und ihn aus dieser Distanz mal betrachten können.«

»Ich möchte mehr Liebe, Dankbarkeit und Mitgefühl zeigen, sehe mich dazu aber nicht in der Lage, weil ich nicht weiß, wo meine Mitte ist. Es fehlt mir an einem harmonischen Verhältnis von innen und außen.«

»Eigentlich bin ich ganz anders, leider komm ich so selten

dazu. Bevor ich die beiden Kinder hatte, war ich ausgeglichener. Jetzt bin ich oft äußerst unachtsam. Ich möchte so sein wie früher, obwohl ich jetzt Kinder habe, und mich ihnen gegenüber auch so zeige.«

»Meine Mutter ist vor kurzem gestorben. Das hat meinen Blick auf mein eigenes Leben sehr verändert. Ich möchte achtsamer mit mir umgehen, weil ich mir kurz vor meinem Tod nicht die Frage stellen möchte, ob ich das Leben überhaupt wahrgenommen habe.«

»Ich habe das Gefühl, mich zu verzetteln. Ich habe die Übersicht verloren. Deshalb fehlt mir mittlerweile fast jede Motivation. Ich fühle mich ausgebrannt. Ich möchte herausfinden, was wesentlich ist. Achtsamkeit könnte eine schöne Überschrift sein.«

»Der Beruf bedeutet für mich Druck, Stress und Zeitnot. Alles soll viel zu schnell erledigt werden. Wir versuchen zwar, das Beste daraus zu machen, aber es geschieht nicht achtsam, wirkt nicht natürlich, fühlt sich nicht menschlich an. Das Schlimmste ist die oftmals sarkastische Ironie.«

»Ich habe Angst vor der Zukunft. Die Menschen sind so unvernünftig und wollen nicht sehen, was sie anrichten. Ich möchte versuchen, zumindest in meinem Privatleben achtsamer zu sein.«

Kolonie sein

Ohne Zweifel sind diese Welt und das lebendige Geschehen in ihr ein wundervolles Phänomen. Das kontrollierte Toben der Elektronen auf der Computer-Festplatte, das lichtschnelle Vibrieren der elektromagnetischen Wellen im ultradünnen Glasfaserkabel, das Leuchten der Sonne, die Fotosynthese, das Lächeln der Mona Lisa, ein Blatt Papier, die Erde, ein Gedanke in deinem Kopf, die Gefühle in meinem Herzen, Lernen, Lieben, Lachen, Mensch sein – ein kaum begreiflich großes und schönes Wunder.

Das Universum entwickelt sich einzigartig und prachtvoll: Galaxien, Sonnen und Planeten sind in einer unvergleichlichen Harmonie miteinander verbunden, und die Naturgesetze der Materie funktionieren vorzüglich. Knapp 50 chemische Elemente (die andere Hälfte der insgesamt rund 90 Grundstoffe spielt nur eine geringe Rolle) sorgen in ihrer wechselnden Zusammensetzung und in ihrer Fähigkeit zu ständiger Veränderung für eine Vielfalt, die schier unüberschaubar ist und immer wieder aufs Neue überrascht. Die Materie hat in Millionen von Jahren schließlich sogar Wesen hervorgebracht, die dank ihres Bewusstseins in der Lage sind, achtsam zu sein.

Die wunderbare äußere Welt ist zwar ein wesentlicher Teil der Wirklichkeit, aber eben nur die eine Seite der Medaille. Sie kann manchen Geist aus der Balance bringen, wenn er sich zu sehr auf diese Seite ausrichtet. Der unvermeidliche Einfluss der Umwelt auf das Bewusstsein des Einzelnen kann dann sehr leicht zu einer Verzerrung der eigenen Sichtweisen führen.

Die Materie und deren Eigenschaften können lediglich Grundlagen sein für das Bemühen, die Zeit unserer Anwesenheit als menschliches Wesen zu nutzen und wertzuschätzen. Die Fähigkeit, das Leben bewusst zu gestalten, also achtsam zu sein, entwickelt sich allerdings nicht von selbst zu einer Gewohnheit, schon gar nicht in einem gesellschaftlichen Umfeld, das von Ablenkung und Fremdbestimmung gekennzeichnet ist.

Schließlich sind die vielen tollen und zum Teil extravaganten Erkenntnisse und Errungenschaften der vergangenen hundert Jahre nicht ohne Auswirkungen auf die Lebensorientierungen der Menschen geblieben. Insbesondere Kriterien wie Eile, Konkurrenz, Effizienz, Besitz, Gewinn und Wachstum sind für eine erfolgreiche und befriedigende Lebensgestaltung immer wichtiger geworden.

Diese gesellschaftlich geforderten und geförderten Lebensziele können sich leicht zum Gefühl verdichten, Kolonie einer großen und teilweise fremden Macht zu sein, deren Kraft stärker ist als die Bedürfnisse nach Harmonie, Glück und innerem Frieden, die durch diese Anforderungen ständig in den Hintergrund gedrängt werden. Es ist oft genug sehr schwierig, unter diesen Rahmenbedingungen Gelassenheit, Toleranz, gegenseitige Unterstützung und Integrität zu verwirklichen, ganz davon zu schweigen, sich ein von mehr Achtsamkeit geprägtes Leben aufzubauen und es anschließend beizubehalten.

Diese Kolonisierung kann allerdings nur erfolgen, wenn es Bedingungen dafür gibt, die ein Eindringen dieser Einflüsse möglich machen. Bekanntlich gibt es sechs »Öffnungen«, nämlich die fünf Sinnesorgane Ohren, Augen, Nase, Mund, Haut und das Bewusstsein. Durch Hören, Sehen, Riechen, Schmecken, Tasten sowie durch fühlendes und gedankliches Verarbeiten wird die Welt in den eigenen Geist aufgenommen.

Wer mit der Achtsamkeitspraxis beginnt, wird zuerst die eigenen Sinnesorgane in den Fokus der Betrachtung stellen und auf diese Weise bemerken, dass sie – oft ungewollt – sehr weit geöffnet sind und die Außenwelt so gut wie ungehindert hereingelangen kann. Diese Einsicht kann gleichzeitig der Startschuss für eine veränderte Wahrnehmung sein. Während zunächst vielleicht nur eine kleine Meldung ans Gehirn erfolgt, dass ein Reiz oder Impuls eingedrungen ist, kann eine neue Aufmerksamkeit allmählich dazu führen, ganz bewusst und selbst zu filtern, also der Außenwelt gelegentlich den Weg in ihre kleine Kolonie zu verstellen.

Wer zu oft eine »aufbereitete Zweitwelt« in sein Bewusstsein eindringen lässt, verliert einen Teil seiner Fähigkeit, die Wirklichkeit so zu betrachten, wie sie ist. Die konstruierten Intrigen in Seifenopern, Thrillern und »Reality-Shows«, die selektierten Nachrichten und ihre zunehmende Vermischung mit Werbung, die ständig Bedürfnisse wecken will, sowie das unentwegte Zerreden von Meinungen und Tatsachen kann oftmals nicht mit genügend eigenen Erfahrungen verarbeitet werden. Dem ist nur mit einer eindeutigen Verhaltensweise zu begegnen: Auswählen und, wenn nötig, durch Abschalten ausblenden. So habe ich mich beispielsweise während der Kriege in Jugoslawien und im Irak dagegen gewappnet, ständig die »Erfolgs«-Meldungen und die Beschreibung von Gräueln zu konsumieren, die von allen Seiten auf mich einströmten.

Der Vorsatz, die eigenen »Sinnestore zu bewachen«, klingt zunächst durchaus einfach, besitzt in der Umsetzung jedoch einen hohen Schwierigkeitsgrad, denn es muss in der Regel eine sehr gefestigte Gewohnheitsenergie überwunden werden. Diese Tore in der jeweils gewünschten Weite zu öffnen, erfordert ihre ständige Beobachtung; zumindest so lange, bis sie ihren »Job« selbstständig ausüben können, bis also die Wahrnehmung und bewusste Auswahl des »Inputs« neue Gewohnheiten geworden sind.

Darüber hinaus bedarf es für einen bewussteren Umgang mit der Außenwelt unbedingt einer starken Motivation. Wer sich weder als Kolonie fühlt noch Hindernisse auf der Suche nach einem eigenen Weg wahrnimmt, wird Filter an den Sinnesöffnungen nicht nötig finden. Wer allerdings die Diskrepanz zwischen der äußeren Vielfalt und einem fehlenden inneren Frieden spürt und das Gefühl hat, fehlgeleitet zu sein; wem diese Vielfalt auch als eine Art Nebel erscheint und wer sich nach einem achtsameren Leben sehnt, wird sich den eigenen Sinnestoren entsprechend oft zuwenden wollen.

Geschmeidigkeit –
Entschleunigen statt langsam sein

Von der unverrückbar feststehenden Lichtgeschwindigkeit einmal abgesehen, kann jede Bewegung noch ein wenig mehr beschleunigt werden. Diesem Ziel versuchen sich die Menschen bekanntlich nicht nur während der Olympischen Spiele zu widmen. Rennwagen, Speed-Boote, Überschallflugzeug und Hochgeschwindigkeitscomputer; mehr Hertz, Bits, Effizienz und Umsatz; schneller arbeiten, essen, denken, lieben, lachen; Eile ohne Weile, Hast ohne Rast, Zeit ohne Ruhe, Stress ohne Ende – wenn's um Hurtigsein und Tempo geht, fällt der Menschheit offensichtlich immer schnell etwas ein.

Umgekehrt kann natürlich auch jede Bewegung verlangsamt werden. Dies ist ein Phänomen, das mangels Anlass, Gelegenheit und Lob nicht so leicht vonstatten geht. Sie haben »Entschleunigung« im ersten Kapitel ja schon kurz ausprobieren können. Vielleicht haben Sie dabei die Empfindung gehabt, dass etwas mehr geschah als nur ein simples Abbremsen. Möglicherweise war es sogar etwas anstrengend, sich für das Ablegen eines Bleistiftes eine ganze Minute Zeit zu lassen, denn dieser Vorgang verlangt eine gewisse Konzentration. Sie konnten den Stift nicht einfach so nebenbei hinlegen. Sie mussten schon ziemlich bei der Sache sein. Ihr Gehirn war beteiligt. Ihr Kopf blieb angeschaltet. Ihr Geist war nicht abwesend. Ihr Bewusstsein war wach. Sie waren wach. Sie waren bei diesem Vorgang wach und bewusst anwesend.

Aus diesen Gründen ziehe ich den Begriff »Entschleunigung« den Ausdrücken »verlangsamen« und »langsamer werden« vor. Die Letztgenannten erinnern leicht an Schlappsein und Langeweile oder gar an Behinderung und Faulheit. Sie weisen kaum auf eine Selbstbeteiligung hin, sondern lassen eher an ein einfaches bewusstloses Abbremsen und Lahmwerden denken. Nicht alle haben ein so konstruktives Verständnis von Langsamkeit wie Sten Nadolny, der in seinem Buch »Die Entdeckung der Langsamkeit« den »langsamen« Jungen John Franklin gerade auf Grund dieser Fähigkeit zu einem berühmten Arktisforscher werden ließ.[3]

Demgegenüber weist das Wort »Entschleunigung« auf selbstbestimmtes Handeln, auf durchdachte Eigenaktivität und ein intensives inneres Beteiligtsein hin. Auf diese Weise wird die in einem entschleunigten Verhalten verborgene Dimension »Achtsamkeit« sichtbar. Unter meditativen Gesichtspunkten gehört »Entschleunigung« zum Bereich Shamatha, während »Achtsamkeit« überwiegend der Dimension Vipassana zuzuordnen ist. Allein die Absicht und das Bemühen, eine Handlung zu verlangsamen, rückt sie ins Bewusstsein und hilft auf diese Weise, sie etwas achtsamer auszuführen.

Vielleicht können Sie diese Wirkungsrichtung bei der nun folgenden Serie von Gelenkbewegungen spüren. Erwarten Sie aber keine ungewöhnlichen oder Ihnen gar völlig unbekannten Übungen. Fast alle davon werden Ihnen bereits als Aufwärmübungen vor der Gymnastik oder im Fitnessstudio, aber auch in der Leichtathletik oder im Programm einer Haltungs- und Bewegungsschulung begegnet sein. Jetzt sollen diese Bewegungen ganz einfach etwas langsamer und konzentrierter, also etwas achtsamer ausgeführt werden.

Vor allem sollten Sie nicht an Leistung oder gar Höchstleistung denken. So gut wie alle Ihre Muskeln werden gedehnt, alle Ihre Gelenke bewegt, aber weder hektisch noch bis zur Schmerzgrenze. Wichtig sind die Bewegungen an sich und ihre bewusste Wahrnehmung. Wenn das fit und geschmeidig macht, dann kann das als angenehmer Nebeneffekt gelten.

Suchen Sie sich einen schönen Platz. Auf dem Balkon, der Terrasse oder im Garten geht es am besten. Sie können die Übungen auch in einem ruhigen Bereich Ihrer Wohnung ausüben. Sorgen Sie aber für frische Luft. Vielleicht mögen Sie dabei leise, nichtablenkende (textfreie) Musik hören. Sie sollten sich locker hinstellen und dürfen diese Position zwischendurch gerne wechseln. Die Augen bleiben geöffnet, die Atmung wird nicht kontrolliert. Günstig ist es, zu Beginn ein paar mal kräftig durchzuatmen.

Übung 1: Bewegen Sie Ihren Kopf nach vorn zur Brust und dann ebenso langsam nach hinten in den Nacken, so als wenn Sie abwechselnd nicken und in den Himmel schauen. Übertreiben Sie dabei nicht. Wiederholen Sie diese Bewegung bis zu 10-mal.

Übung 2: Lassen Sie jetzt den Kopf vorsichtig in Richtung linke Schulter kippen; anschließend zur rechten Schulter. Spüren Sie Ihre Halsmuskeln. Auch diese Übung können Sie bis zu 10-mal wiederholen.

Übung 3: Nachdem Sie den Kopf wieder aufgerichtet haben, können Sie nun bis zu 10-mal den Kopf nach links und rechts drehen, so als ob Sie über die Schultern schauen wolten. Die Aufmerksamkeit richtet sich auf den Hals. Auch hier gilt: nicht übertreiben. Es kommt eher auf die Wahrnehmung als auf die Bewegung an.

Übung 4: Sie bleiben aufrecht stehen und heben beide Arme ausgestreckt nach vorn bis auf Schulterhöhe. Die geöffneten Handflächen zeigen nach oben. Während die Oberarme unbewegt bleiben, heben Sie die Unterarme, bis die Fingerspitzen Ihre Schultern berühren. Anschließend werden die Unterarme wieder in die vorherige horizontale Lage gebracht. Achten Sie auf die Bewegung Ihrer Ellbogengelenke. Wiederholen Sie die Übung bis zu 10-mal.

Übung 5: In der gleichen Armhaltung wie bei Übung 4 werden nun die Hände gewendet und Fäuste gebildet. Drehen Sie nun beide Fäuste gleichzeitig durch die Bewegung der Handgelenke. Während Sie Ihre Handgelenke spüren, versuchen Sie vier Drehmöglichkeiten: beide Fäuste im Gleichklang links herum, beide Fäuste im Gleichklang rechts herum, die Fäuste symmetrisch von innen nach außen und anschließend von außen nach innen drehen. Achten Sie darauf, diese Bewegungen nicht zu schnell werden zu lassen. Jede Drehung bis zu 10-mal wiederholen.

Übung 6: Öffnen Sie nun die Hände. Das kann auch etwas ruckartig erfolgen, fast wie ein Schnippen mit allen Fingern gleichzeitig. Schließen Sie dann die Hände wieder langsam und wiederholen sie das plötzliche Aufreißen der

Fäuste bis zu 10-mal. Selbstverständlich kann dies auch langsam geschehen. Nehmen Sie die einzelnen Gelenke in Ihren Fingern wahr.

Übung 7: Führen Sie die Fingerspitzen zusammen und legen Sie sie auf eine Stelle zwischen Schlüsselbein und Schultern. Kreisen Sie langsam und bewusst mit Ihren Schultern. Sie können diese Bewegung gut an Ihren Ellbogen beobachten. Auch hier gibt es verschiedene Möglichkeiten: Mit beiden Oberarmen in der gleichen Richtung synchron nach vorne oder nach hinten kreisen oder in die gleiche Richtung, aber um 180° versetzt kreisen; einen Oberarm nach vorn, den anderen nach hinten beginnen lassen. Vielleicht werden Sie durch diese Anleitungen eher irritiert als motiviert. Probieren Sie deshalb einfach das aus, was Ihnen einfällt. Dabei dürfen Sie auch ruhig einmal die Augen schließen, denn wichtiger als das richtige Befolgen meiner Vorschläge ist Ihre Wahrnehmung der Bewegungen.

Übung 8: Verschränken Sie Ihre Finger und strecken Sie Ihre Arme über den Kopf aus. Bewegen Sie nun das Becken langsam und vorsichtig nach links und rechts. Spüren Sie die Biegung und Dehnung Ihrer Wirbelsäule. Bei der zehnten Dehnung darf sich ihr Körper von den Füßen bis zu den Händen wie ein Bogen spannen und entspannen. (Menschen mit Rückenproblemen sollten diese Bewegung gar nicht oder nur ganz vorsichtig üben.)

Übung 9: Stützen Sie Ihre Hände auf den Hüftknochen ab (der Daumen zeigt nach hinten). Bewegen Sie jetzt das Becken. Beginnen Sie mit leichten Kippbewegungen, die allmählich in Drehbewegungen übergehen. Zum Schluss darf fast der ganze Körper mitschwingen. Vergessen Sie die Gegenrichtung nicht. (Auch hier sollten sich Menschen, die Rückenprobleme haben, zurückhalten.)

Übung 10: Stellen Sie nun die Füße etwas näher zusammen, bücken Sie sich ein wenig und legen Sie die Hände auf Ihre beiden Knie. Folgen und unterstützen Sie mit den Händen die Drehungen der Kniegelenke. Beschränken Sie sich auf vier Möglichkeiten: Parallel links und rechts herum; symmetrisch nach innen und außen (siehe Übung 5).

Übung 11: Bei dieser Übung werden fast alle Gelenke gleichzeitig bewegt. Heben Sie Ihre Arme so weit wie möglich über den Kopf und strecken Sie sich; werden Sie so groß wie möglich. Stellen Sie sich kurz auf Ihre Zehenspitzen. Während Sie nun die Arme ausbreiten, gehen Sie langsam in die Hocke. Beugen Sie dabei auch die Knie. Machen Sie sich so klein wie möglich, aber nur so, wie es noch bequem für sie ist. Sie können die gebeugten Beine umarmen. Anschließend richten Sie sich wieder auf und machen sich wieder so groß wie möglich. Wiederholen Sie diese Bewegung bis zu 5-mal.

Übung 12: Stellen Sie sich fest auf ein Bein. Kicken Sie mit dem Unterschenkel des anderen Beines bis zu 10-mal langsam vor und zurück. Lenken Sie Ihre Aufmerksamkeit in das bewegte Knie. Wechseln Sie dann das Standbein.

Übung 13: Sie stehen auf einem Bein und drehen den erhobenen Fuß in beide Richtungen. Achten Sie auf Ihre Fußgelenke. Wer sich dabei wackelig fühlt, sollte auf den Boden schauen oder seine Konzentration in das Standbein lenken.

Übung 14: Sie stehen auf einem Bein und bewegen so gut es geht die Zehen des erhobenen Fußes. Am besten geht es ohne Schuhe. Wenn Sie wollen, können Sie mit den Zehenspitzen den Boden berühren und die Gelenke durch Vor- und Rückbewegung des Fußes ein wenig vor- und zurückbiegen.

Übung 15: Bei der Abschlussübung stellen Sie Ihre Füße weiter auseinander. In diesem breiten Stand bewegen Sie sich ein wenig auf und ab. Der Rücken bleibt senkrecht aufgerichtet, wenn Sie in den Hüftgelenken und in den Knien einsinken. Achten Sie darauf, dass Sie Ihre Knie nicht zu sehr nach innen einbeugen. Wiederholen Sie diese Bewegung höchstens 10-mal. Wenn Sie wollen, können Sie diese Dehn- und Beckenöffnungsübung ergänzen, indem Sie in der tiefen Position das Gewicht zunächst nach links, anschließend nach rechts verlagern.

Übung 16: Bleiben Sie noch einen Moment bequem aufgerichtet stehen und wandern Sie mit Ihrer Aufmerksamkeit durch den Körper. Spüren Sie eventuellen Veränderungen nach. Dabei können Sie auch die Augen schließen.

Sie können diese Übungsreihe auch in umgekehrter Reihenfolge probieren oder etwas weglassen. Bemühen Sie sich aber immer um eine langsame, konzentrierte und aufmerksame Ausführung.

Natürlich können Sie diese Folge beliebig ergänzen. So können die Übungen 1 bis 3 auch durch ein Kreisen des Kopfes zusammengefasst werden. Doch dann ist Vorsicht geboten, denn nicht jeder Nacken verträgt eine Drehung mit zurückgelegtem Kopf. Die halbe Drehung (»Kopfschaukeln«) genügt auch.

Die Übungen 4 bis 6 können mit seitlich erhobenen Armen durchgeführt werden. Die Schulterdrehungen in Übung 7 fühlen sich mit hängenden Armen ebenfalls gut an. Bei den Übungen 8 und 9 können Sie darauf achten, dass der Kopf sich nicht von der Stelle bewegt, also lediglich der Rumpf und die Beine der Beckenbewegung folgen.

Wenn Ihnen diese Übungsreihe gefällt, sind Ihrem Erfindungsreichtum kaum Grenzen gesetzt. Versuchen Sie jedoch, den Empfehlungen »langsamer, aufmerksamer und geschmeidiger« zu folgen. Sie können fast alle Übungen auch mit Gegenständen in der Hand durchführen. In Südostasien wird dabei gern ein Bambusstab genommen. Ein Regenschirm tut's aber auch, und wenn es denn sein muss, können Sie zwei Hanteln nehmen. Übertreiben Sie dabei aber nicht die Dynamik, denn es kann zu Überdehnungen kommen. Vielleicht gelingt es Ihnen, die Aufwärmübungen vor oder nach Ihren sportlichen Aktivitäten ähnlich auszuführen. Dies kann sogar in einer Gruppe ganz unauffällig geschehen, denn niemand wird es Ihnen ansehen, wenn Sie sich ganz bewusst auf die bewegten Stellen Ihres Körpers konzentrieren.

Eine bewusste Atemführung ist zwar nicht notwendig, kann aber die Intensität dieser Übungen erhöhen, wenn Sie sich dabei nicht verkrampfen. Insbesondere wenn Sie die Bewegungen langsam ausführen, können Sie versuchen, eine bestimmte Anzahl mit je einem Einatem- bzw. Ausatemzug zu kombinieren.

Diese Übungsreihe ist gesund für alle Gelenke und Muskeln und gleichzeitig sehr gut als Vorübung für die in diesem Buch vorgestellten Methoden geeignet sich selbst zu entschleunigen, zum Beispiel vor einer Sequenz Taijiquan oder einer Serie von Qigong-Bewegungen. Aber auch im Rahmen einer Yoga-Stunde, vor der Sitz-Meditation oder bei der Unterbrechung einer längeren Geh-Meditation können diese Gelenkbewegungsübungen eingesetzt werden.

Darüber hinaus soll diese Übungsreihe verdeutlichen, dass es nicht unbedingt nötig ist, komplizierte oder aus dem Fernen Osten stammende Methoden zu lernen, um sich zu entschleunigen oder sich etwas achtsamer zu bewegen. Einfache Gelenkbewegungen erinnern daran, dass jede Bewegung, also auch jede Handlung entschleunigt werden kann. Auf diese Weise wird der letztlich minimale Unterschied zwischen einer gewohnten und einer achtsamen Bewegung aufgezeigt, nämlich ihre aufmerksame, gelassene und geschmeidige Ausführung. Durch Entschleunigung wird aus einer unbewussten eine achtsame Bewegung. Diese kleine, aber feine Veränderung kann auf Dauer ungeahnte positive Folgen haben.

Die Sucht des Sehnens

Alle wollen gut sein, keiner besser.
HOPI-WEISHEIT

Wer kennt nicht das Sprichwort »Vorfreude ist die größte Freude«? Es war der Standardspruch meiner Eltern, wenn ich in meiner Kindheit etwas noch nicht bekommen sollte oder noch nicht machen durfte. Sie wandten ihn nicht nur in der Vorweihnachtszeit, sondern das ganze Jahr über an. Ständig musste ich auf etwas warten: aufs Essen, auf neue Schuhe, aufs Älterwerden, auf das nächste heiße Bad.

Auch sie selbst verhielten sich danach. Mein Vater hoffte auf besseres Wetter – die dann erfolgende Heuernte war eine von Schwitzen und Stöhnen begleitete Plackerei. Meine Mutter freute sich auf den Abend, an dem sie viele schöne Dinge zu tun gedachte, aber oft doch vor dem Fernsehgerät hängen blieb. Und mir machten sie jegliches Warten mit der Aussicht schmackhaft: »Wenn du dies gemacht hast, dann darfst du das tun«, wobei »dies« meistens etwas Unangenehmes und »das« etwas Erwünschtes bedeutete.

Das Wecken der Vorfreude durch den Wenn-dann-Trick wurde in der Schule ein wichtiges Erziehungsprinzip. Ganz weit in der Ferne stand der Abschluss der Schulzeit, die Befreiung von einer lang andauernden Pflicht, das Ende eines letztlich erzwungenen Lebensabschnittes und die Aussicht auf das so genannte richtige Leben, das in den schönsten Farben ausgemalt wurde.

Viel unangenehmer war dieses Verschieben lustvoller Bedürfnisse jedoch im Schulunterricht, wo es helfen sollte, langweilige Phasen durchzustehen und unerträglich scheinende Lerninhalte zu begründen. Wer das vorgegebene Ziel erreichte, konnte anschließend ein Lob erwarten. Wer fleißig lernte, erhielt später gute Noten. Wenn die Grammatikphase erst mal überstanden war, bestand Aussicht auf das Schreiben eigener Texte (dieses Versprechen wurde in unserer Oberstufe nicht gehalten; stattdessen geriet die Interpretation des Nibelungenliedes fast eineinhalb Jahre in den Mittelpunkt). Die langweilige Theorie der physikalischen Gesetze wurde mit der Ankündigung interessanter Experimente versüßt, die dann aus Zeit- oder Gerätemangel oft ausfielen. Dass dieses Verfahren in den heutigen Schulen weniger angewendet wird, kann immerhin gehofft werden.

Die in der Kinder- und Jugendzeit verinnerlichte Gewohnheit, mit der Aussicht auf eine bessere Zukunft die Gegenwart zu ertragen, geht bei vielen Menschen nach der Schulzeit nicht ohne Weiteres verloren. Das Verschieben von Gelegenheiten, etwas jetzt zu tun – besonders wenn es sich um längst fällige Veränderungen der eigenen Lebensumstände handelt –, kann zu einer dermaßen stabilen Verhaltensweise werden, dass ihr lähmender Charakter kaum noch bemerkt wird.

Das Anreichern der Gegenwart mit Wunschträumen, Erwartungen und Hoffnungen mag an sich ja noch amüsant genug und akzeptabel sein, aber viele dieser Vorhaben und Fantasien erfüllen sich nicht. Auf diese Weise wird die Vorfreude leicht von der Befürchtung überlagert, dass das Erwünschte nicht eintrifft. So hält die Angst vor etwas Ungewissem in der Zukunft Einzug in das jetzige Lebensgefühl, mit all ihren entmutigenden Begleiterscheinungen.

Manchmal verhindert die Vorfreude sogar das Genießen der

Erfüllung. Ich erinnere mich an einen Freund, der sich nach vielen Jahren endlich das lang ersehnte Traumauto gekauft hatte. Schon einige Tage später gestand er mir, dass er sich über seinen neuen Besitz gar nicht mehr richtig freuen würde. Als wir uns über dieses Phänomen unterhielten, konnten wir keinerlei Makel an seinem Superschlitten finden. Auch eine »Nachentscheidungsdissonanz« war nicht zu erkennen – mein Freund hätte sich jederzeit wieder dieses und kein anderes Auto gekauft. Stattdessen fanden wir heraus, dass er in seiner Freude immer ein wenig Zukunft brauchte. Ohne sie konnte er sich nicht mehr auf das Auto freuen, weil er es nun ja besaß.

Das Zukünftige kann also bis in die subtilsten Bereiche des gegenwärtigen Lebens vordringen. Alles soll auch deshalb so schnell gehen, weil die Gedanken schon beim nächsten Schritt, beim nächsten Projekt, bei der Fortsetzung sind. Intensives Zuhören fällt schwer, wenn im Kopf schon die eigene Antwort Gestalt annimmt. Und der Daumen auf der Fernbedienung sorgt für ein ständiges Durchforsten der Fernsehprogramme auf der Suche nach etwas Spannenderem und Vergnüglicherem.

Auf diese Weise wird Präsenz verhindert. Der Geist ist abgelenkt. Er befindet sich zumindest teilweise in einer imaginären Welt und kann sich nicht vollständig dem jetzigen Moment widmen. Ein tatsächliches Ankommen und »Heimischsein« findet nicht statt. Ständig gibt es ein Einbeziehen und Vergleichen mit etwas nicht wirklich Gegenwärtigem, das manchmal schöner, besser und neuer, manchmal angstvoller, ernüchternder und deprimierender ist.

Diese menschliche Eigenschaft des geistigen Wegdriftens kann als »Antizipation« bezeichnet werden, als Vorweg- und Hineinnahme von etwas Imaginärem, von Illusionen, von zukünftigen Tätigkeits- und Gefühlsfeldern. Als Vorfreude ist Antizipation ja schon als »größte Freude« beschrieben worden; in ihrer Dimension als Furcht hatten meine Eltern ein anderes

Sprichwort parat: »Gegenankieken is' meest!« (»Das Gegen-
ansehen ist das Meiste, ist das Wichtigste, ist das Schlimmste!«).
Nicht das Ergebnis selbst war angstbesetzt, sondern der lange
Weg, der vor ihm lag.

Selbstverständlich ist Antizipation notwendig, um Wünsche
zu entwickeln, Pläne zu schmieden und sich ein angestrebtes
Lebensfeld vorstellen zu können. Sie gehören ebenso wie
Befürchtungen und Abneigungen zum Leben des Menschen wie
Blätter an einen Baum. Schon wer sich auf die Suche nach der
Zukunft als solche begibt, kann sich diese Tatsache verdeutlichen. Wer nämlich die Zukunft in der Zukunft sucht, wird sie
nicht entdecken; sie kann nur und ausschließlich in der Gegenwart gefunden werden.

Bedenklich wird Antizipation aber dann, wenn sie sich zu
einer Gewohnheit entwickelt und das Festhalten an Erwartungen und Projekten ständig die wache Anwesenheit in der Gegenwart trübt, wenn also der jetzige Moment immer wieder von Tag-
träumen überlagert oder permanent als Frust oder Durststrecke
empfunden wird. Dann ist der Alltag von Sehnsucht und Entfremdung gekennzeichnet, dann ist das Sehnen zur Sucht geworden. Es muss Zeiten für Pläne und Hoffnungen geben, aber
ebenso wichtig sind Zeiten, in denen die Zukunft losgelassen
wird, um sorgenfrei im Augenblick zu schwelgen, um unabge-
lenkt im gegenwärtigen Moment anwesend sein zu können.

Um die Angewohnheit, gedanklich wegzudriften, ablegen zu
können, muss sie zunächst einmal wahrgenommen und durch-
schaut werden. Besonders hilfreich können dabei Versuche sein,
einen Zustand möglichst vollständiger Präsenz zu erleben, also
selbst und bewusst nachzuforschen, ob sich eine Konzentration
auf das Hier und Jetzt einstellt, oder ob der eigene Geist lieber
mit der Beobachtung und Interpretation dieser Situation beschäftigt ist. Manchmal genügt eine kleine Übung, um dies zu
erkennen.

Holen Sie sich einen Bleistift oder Kugelschreiber sowie ein Blatt Papier. Vielleicht setzen Sie sich an einen Tisch. Achten Sie auf Ihre Sitzhaltung und den Stift in Ihrer Hand. Nehmen Sie das leere Blatt vor sich wahr. Schreiben Sie nun ganz langsam und in Schönschrift das erste Wort auf, das Ihnen in den Sinn kommt. Vielleicht ist es Ihr Name, das Wort »Achtsamkeit« oder der Werbespruch auf dem Kuli. Versuchen Sie, sich vollständig auf das Schreiben zu konzentrieren. Denken Sie nur an den jeweiligen Buchstaben, den Sie zeichnen. Vielleicht wird das Wort so groß, dass es das ganze Blatt ausfüllt. Wenn es Ihnen gefallen hat, versuchen Sie es mit einem zweiten oder dritten Wort.

Gerade wenn es um neue Vorschläge geht, wie Achtsamkeit systematisch geübt werden kann, meldet der Verstand schnell seine Zweifel an; vor allem dann, wenn sich eine Übungsmethode nicht sofort als erfolgreich erweist. Es können dann Gedanken auftauchen wie: »Was soll das eigentlich?«»Die Übungen fühlen sich so seltsam an.« »Ich komme doch auch mit Eile ganz gut zurecht!«»Was denken die Leute, wenn ich ›langsamer‹ werde?« »Und heute habe ich sowieso keine Zeit zum Üben!« So ist beim Lernen der manchmal komplizierten Taijiquan-Bewegungen zunächst eine Durststrecke zu überwinden, bevor sich die beruhigenden Wirkungen zeigen. Und wer es gewohnt ist, mit dem Auto zum Bäcker zu fahren, hört beim Besteigen des Fahrrads garantiert den Einwand des eigenen Verstandes: »In der Zeit, die du jetzt zum Brötchen holen brauchst, hättest du schon längst gefrühstückt!« Nur wenn diese inneren Kommentare ernst genommen und bewusst bearbeitet werden, können sie ihren lähmenden Charakter verlieren.

Menschen, die im westlichen Kulturraum aufgewachsen sind, schöpfen die Kraft für ihr augenblickliches Handeln zum großen

Teil aus Zukunftserwartungen (»Wenn-dann-Trick«), die auf ihre Achtsamkeitspraxis überlagern. Diese Tendenz, gleichzeitig an etwas anderes zu denken als an das gegenwärtige Tun, wird vom schier unerschöpflichen Konsumangebot und den zahllosen Ablenkungsmöglichkeiten, die vor allem durch die Medien bereitgestellt werden, noch verstärkt.

Dennoch kann gerade die intellektuelle Auseinandersetzung mit Stress und Eile und mit Antizipation und Abgelenktsein manches Hindernis beiseite räumen, das das eigene Achtsamkeitstraining erschwert. Wer sich zum Ziel setzt, achtsamer zu sein und sich diesem Vorhaben mit bewusst ausgewählten Mitteln (Bücher, Gespräche, Seminare) zu nähern versucht, wird den Sinn und die Vorteile dieses Verhaltens begreifen und sich selbst überzeugen und auf diese Weise auch motivieren können.

Die hemmenden Auswirkungen eines ungenügenden Verständnisses der Übungsmethoden auf die Motivation zum Üben sollte nicht unterschätzt werden. Gleichzeitig lässt sich die Lust, selbst fremdartig und unbequem anmutende Übungen durchzuführen, oft erheblich steigern, wenn diese Methoden und die durch sie zu erreichenden Ergebnisse auch theoretisch erarbeitet und begriffen werden. Wenn das Gehirn gewohnt ist, ständig in Betrieb zu sein, muss dies beim Probieren von Achtsamkeit und Entschleunigung zunächst nicht anders sein. Es sollte jedoch berücksichtigt werden, dass letztlich das Handeln wichtiger ist. Um es mit Erich Kästner zu sagen: »Es gibt nichts Gutes – außer man tut es!«

Bewusstwerdung ist bei allen meditativen Übungen wichtig. Wer ruhiger geworden ist und sich gesammelt und zentriert hat, kann die Wirklichkeit genau ins Blickfeld nehmen. Und wer genau hinschaut und mit dem Befund nicht zufrieden ist, kann bewusst damit beginnen, etwas zu verändern.

Auf diese Weise wird auch deutlich, warum es oft so schwierig ist, neu entdeckte Dimensionen der Achtsamkeit sofort im ganz normalen Alltag anzuwenden. Nicht nur der Gegenwind der Umwelt wirkt als Bremse, sondern auch die vielen Tätigkeiten und Gewohnheiten des Gehirns, die durch die Selbstbetrachtung nun ins Licht der Bewusstheit geraten und integriert werden wollen. Günstig ist es deshalb, sich zunächst »Schonräume« zu schaffen, also Orte und Gelegenheiten, die eine störungsfreie Konzentration auf das augenblickliche Geschehen ermöglichen.

Zeit für eine kleine Unterbrechung. Bleiben Sie in Ihrer jetzigen Position und lesen Sie langsam weiter. Spüren Sie Ihre Füße. Stehen sie auf dem Teppich? Liegen sie auf einem Hocker? Sind Ihre Beine gebeugt oder gestreckt? An welchen Stellen Ihres Körpers spüren Sie Ihr Gewicht? Welche Form hat Ihre Wirbelsäule – ist sie gekrümmt, durchgestreckt oder bildet sie eine S-Form? Welche Haltung nehmen Ihre Arme, welche Ihr Kopf ein? Bemerken Sie irgendwo Verspannungen? Atmen Sie langsam ein und aus. Setzen Sie die Wahrnehmungsreise durch Ihren Körper nach Belieben fort, nachdem Sie das Buch vorsichtig neben sich gelegt haben.

Es gibt viele Übungen, die für die Entspannung und Selbstwahrnehmung hilfreich sind und von zahlreichen Menschen mit Erfolg praktiziert werden. Wie beim Tischlern oder Kochen ist es auch bei einer entschleunigten und achtsameren Lebensgestaltung empfehlenswert, von den Erfahrungen anderer Menschen zu profitieren.

Der Rat, von anderen zu lernen, klingt vernünftig und logisch. Es sollte also eigentlich ganz einfach sein, solchen Ratschlägen zu folgen. Seltsamerweise klappt das viel seltener als erwartet, und wenn, dann oft nur kurzfristig. Woran mag das liegen? Für eine mangelhafte Übungsdisziplin kommen scheinbar überwiegend individuelle Gründe zum Tragen: die zu kleine Wohnung, störende Familienangehörige, die fehlende richtige Stimmung, die Befürchtung, etwas falsch zu machen oder nicht so gut wie der Lehrer oder die Lehrerin zu sein.

Doch diese Gründe lassen sich auch allgemeiner betrachten. Der Geist hat auf der Suche nach einer Vermeidungsstrategie eines seiner Haupttätigkeitsfelder gefunden, nämlich durch Denken das Tun zu verhindern. Denken an sich ist niemals negativ, aber wenn Gedanken das Erlernen eigentlich erwünschter neuer Erfahrungen wie beispielsweise Achtsamkeit unmöglich machen, dann sollte dies hinterfragt werden.

Auch beim Üben von Qigong und Taijiquan ist es meistens gar nicht so sehr das zunächst Fremdartige, das von der Ausübung abhält. Das hinderliche Gedankenfeld reicht in der Regel tiefer, denn das ungewohnte Tun wird mit früheren Handlungen verglichen und auf vorhandene Vorstellungen und Erwartungen bezogen. Die Konzentration beim Erlernen einer neuen Körperbewegungsart kann sich nicht richtig einstellen, weil der Geist ständig mit Messen, Werten und Einordnen beschäftigt ist.

Eine bewusste gelassene Annahme der gegenwärtigen Erfahrung, echte Achtsamkeit also, kann nicht stattfinden. Stattdessen stellt sich eine innere Spaltung ein. Anstatt die Taijiquan-Bewegungen schon beim Kennenlernen voll und ganz bewusst zu genießen, hat ein innerer Dialog begonnen. Dieses Vergleichen und Bewerten, das einem ständigen »Neben-Sich-Stehen« ähnelt, ist in der heutigen Zeit offensichtlich so üblich geworden, dass es schon weit gehend unbewusst abläuft.

Im Grunde geht es den meisten Menschen nämlich gar nicht so sehr um das, was ist, sondern um das, was es bedeutet. Alles wird überhöht, soll etwas darstellen und repräsentieren, soll eine Wichtigkeit haben, soll sinnvoll, brisant, anerkannt, relevant, außergewöhnlich, lustig, spannend sein. Alles wird mit Bildern,

Vorstellungen, Metaphern und Projektionen versehen, ist mit Ängsten, Absichten, Erwartungen und Maßstäben verknüpft.

Das So-sein-wie-es-ist, die projektionsfreie Wirklichkeit, die gewöhnliche Gegenwart an sich gelten dann als wert-, bedeutungs- und sinnlos. Sich einfach so hinzustellen und auf den Atem zu achten – was soll das? Langsam durch die Fußgängerzone gehen – das kommt einem dann selbst schon absurd vor, auch wenn niemand hinschaut. Die Arme heben und senken und nichts anderes dabei tun, als diesen Moment wahrzunehmen? Bewegungslos mit Aufmerksamkeit den Körper erspüren – wie ungewohnt, wie irritierend, wie bedeutungslos!

Achtsamkeit kann letztlich zugleich als Basis und Krönung aller menschlichen Fähigkeiten betrachtet werden. Sie ist das Eintrittstor zum eigenen Geist; sie verknüpft innen und außen; sie ist die Grundlage für Liebe und Mitgefühl; sie ermöglicht das Heimischwerden und den Einklang mit allen Gegebenheiten des Daseins im Universum, insbesondere natürlich auf unserem Planeten Erde. Vergessen werden darf bei diesem Lob der Achtsamkeit jedoch nicht, dass sie ein Weg ist, der selbst begangen werden muss und zwar hier und jetzt mit eigenen Füßen auf diesem Boden, nicht an einem anderen Ort und zu keiner anderen Zeit. Angestrebt wird eine hellwache, vollständig bewusste Präsenz, die allerdings möglichst frei von inneren Dialogen, Bewertungen und Sehnsüchten sein sollte.

Immerhin: Wer Achtsamkeit einmal entdeckt hat, kann die Suche nach ihr vertiefen, kann probieren und verbessern. Wer nicht sucht, kann auch nicht fündig werden. Unabdingbar scheint es jedoch zu sein, die im Geist errichteten Hindernisse zu erkennen und abzubauen, damit die Motivation sich frei entfalten kann. Schlicht gesagt geht es darum, sich tatsächlich um ein achtsameres Leben bemühen zu *wollen*.

Hier und Jetzt – ist das alles?

Auf den ersten Blick scheint es äußerst erstrebenswert zu sein, spontan und frei von Sorgen und Belastungen in den Tag hineinleben zu können. Bei einer Betrachtung des zeitgenössischen Lebensalltags kann sogar der Eindruck entstehen, dass viele Menschen mit dieser Einstellung leben. Für sie hat die Gegenwart scheinbar den Vorrang gegenüber der Zukunft bekommen. Jederzeit bereit für alles zu sein, reaktionsschnell und spontan – das ist angesagt im Lifestyle des 21. Jahrhunderts. Im Vordergrund stehen Spaß und Handlungsbereitschaft, verbunden mit Freiwilligkeit, Unverbindlichkeit und einem Schuss Ironie. Zukunft und Vergangenheit scheinen ähnlich eingeschätzt zu werden wie alles andere, das als negativ empfunden wird: Irgendwie werden sie zwar wahrgenommen, aber sogleich wieder ausgeblendet im Sinne des Spruches »Seh ich was Schlimmes, denk ich mich weg!«

Gegen eine solche Lebenshaltung an sich ist nicht immer etwas einzuwenden, denn auch ein Leben ohne tief schürfende Gedanken und durchdachte Perspektiven kann von Freude und Mitgefühl geprägt sein und heilsame Wirkungen entfalten. Zu fragen ist allerdings nach den vielschichtigen und mehrdeutigen Umständen und Beweggründen, die diese Lebensweise bestimmen.

Obwohl von Sehnsüchten getrieben, die sich erst später realisieren lassen, werden viele Menschen von der Gegenwart überrollt. Einerseits dient das gegenwärtige Tun als Mittel zum Zweck, nämlich zum Erreichen einer möglichst angenehmen und glücklichen Zukunft. Andererseits werden die tatsächlichen Auswirkungen des augenblicklichen Handelns übersehen. Die Gegenwart wird eilig und oberflächlich und manchmal auch rücksichtslos durchlebt. Statt die Folgen, die das jetzige Tun haben kann, zu berücksichtigen und zu integrieren, wird die Zukunft verdrängt, weil sie den unmittelbaren Genuss erschwert.

Sehr häufig ist diese Einstellung in der Arbeitswelt zu finden. Wer es sich abgewöhnt hat, über den tieferen Sinn und die Konsequenzen, die die Arbeit für die Umwelt und die sozialen Beziehungen haben kann, nachzudenken, wird sich bald nur noch als ein zu funktionierendes kleines Rädchen in einem undurchschaubaren Getriebe sehen. Insbesondere die Arbeitsteilung und der Wettbewerb erschweren die Fähigkeit, das ganze Ausmaß an Fremdbestimmung und Fehlleitung im Arbeitsprozess in den Blick zu nehmen, von ihrer Kontrolle und Veränderung ganz zu schweigen. Von außen kommende »übergeordnete Interessen«, kombiniert mit der Macht der »Sachzwänge«, scheinen dann als eine Art unbeeinflussbare und notwendige Pflicht zu wirken und das augenblickliche Handeln zu bestimmen.

Aber auch im privaten Alltag, in der Freizeit und im sozialen Leben ist die Tendenz, sich um die Wirkungen und Folgen des augenblicklichen Handelns nur wenig Gedanken zu machen, anzutreffen. So haben sich fast alle Menschen in einer Weise an das Streben nach Besitz und Eigentum, nach Ansehen und Erfolg, nach Individualität und Vereinzelung gewöhnt, dass sie den Einfluss dieses Verlangens auf ihre eigene psychische Befindlichkeit und ihre sozialen Beziehungen kaum noch bemerken.

Auch das »Leben auf Pump« wird heutzutage nur selten in Frage gestellt, obwohl jeder Kredit einen Teil Zukunft »verpfändet«, denn er verpflichtet die Nachkommen, für das Wohlleben, oft auch für den Luxus und die Verschwendungen der jetzt lebenden Menschen zu arbeiten. Und wie viele Jahre hat es gedauert, bis die schädlichen Wirkungen der FCKW-Gase auf die Ozonschicht erkannt wurden? Immerhin ist das Herstellungsverbot dieser Substanz ein deutlicher Beweis dafür, wie in der Gegenwart auch schützend und nachhaltig für die Zukunft gehandelt werden kann.

Wer sich – wie wohl jeder Mensch – als soziales Wesen versteht, sollte den zerstörerischen Charakter einer Lebensweise durchschauen, die ausschließlich die Bedürfnisse der Gegenwart auslebt. Genauso destruktiv erweist sich aber auch eine Lebensweise, die von einem zu erreichenden zukünftigen Zustand ausgeht und alle jetzigen Handlungen in ideologischer Weise daran ausrichtet.

Ein Leben ohne Struktur und Pläne ist nicht nur in einer so komplexen Gesellschaft wie der heutigen unmöglich. Realistisch gesehen bewegt sich das Leben des Menschen deshalb ständig zwischen den Polen Antizipation und Präsenz. Wenn der Geist zu sehr in der Zukunft weilt und möglicherweise sogar in ihr festhängt, kann sich das Gefühl, ein heiler, vollkommener, »ganzer« Mensch zu sein, kaum einstellen. Wer sich unbeeinflusst von zukünftigen Wirkungen ohne Sorgen und Gedanken von der Gegenwart aufsaugen und treiben lässt, erreicht nur selten einen Zustand, der als vollständig bewusst, als »wach« bezeichnet werden kann.

Ende der 70er-Jahre erschien das Buch »Ganz entspannt im Hier und Jetzt«, in dem ein bekannter ehemaliger Reporter sein Leben mit Bhagwan Shree Rajneesh im indischen Poona beschrieb.[1] Sein Tagebuch wurde ein Bestseller, weil sich damals viele Menschen für diesen Guru, der sich später »Osho« nannte, interessierten.

Aber auch der Titel des Buches erwies sich als äußerst attraktiv, denn er sprach eine Sehnsucht an, die wohl fast alle kennen. Wahrscheinlich wurden viele Menschen von dem Wort »entspannt« angezogen oder auch von der Orientierung auf das »Hier und Jetzt«. Das Wort »ganz« wurde in der Regel lediglich im Zusammenhang mit dem Begriff »entspannt« wahrgenommen; gewissermaßen als totale Verstärkung dieses Zustands.

Das traf damals auch auf mich zu, doch spätestens nach dem Ende meines fast zweijährigen Aufenthaltes in Asien verstand ich das Wörtchen »ganz« mehr und mehr im Sinne von »heil und vollständig« sein, als eine erste konkrete Beschreibung dessen, was angestrebt werden kann, wenn ich mich ohne innere Anspannung auf die Gegenwart konzentriere.

Es erscheint mir nun zwar logisch zu sein, dass alles, was geschieht, nur in der jeweiligen Gegenwart stattfinden kann. Und selbstverständlich fühlt es sich wundervoll an, entspannt zu sein. Aber das eigentlich Interessante (um nicht zu sagen: Spannende) entwickelt sich meines Erachtens erst, wenn ich tatsächlich entschleunigt und entspannt *bin*, also wirklich voll und ganz im gegenwärtigen Augenblick gelandet *bin*. Erst ein Geisteszustand ohne gedankliches Wegdriften in zukünftige Pläne oder unangenehme Erinnerungen bietet die Grundlage für ein Gefühl von Ganzheit und ein ungeteiltes, voll bewusstes Wahrnehmen und Genießen des gegenwärtigen Geschehens.

Neben »Ganzheit« ist, wie oben bereits erwähnt, »Wachheit« eine zweite Eigenschaft, die die Ambivalenz von Gegenwart und Zukunft überwinden hilft. Ein wacher Geist erweitert das durchaus schöne Gefühl, sich entspannt dem Hier und Jetzt zu widmen und es ausfüllen zu können. Auf diese Weise wird auch die spirituelle Dimension des Lebens unterstützt, denn durch die Gegenwartsorientierung und -bezogenheit kann ein wacher Geist sich viel intensiver mit sich selbst beschäftigen, als wenn er von der Zukunft träumt.

Wer sich entschleunigt und beginnt, achtsamer zu sein; wer also präzise anschaut, was sich hinter einer allzu impulsgeleiteten und oberflächlichen Lebensweise verbirgt, erschrickt nicht selten über die vielen, auf diese Weise zu entdeckenden blinden Stellen und Widersprüchlichkeiten. Angesichts der Vielzahl und Stärke der äußeren Mächte, aber auch aufgrund der tief verinnerlichten eigenen Triebkräfte und Gewohnheitsmuster scheint eine Umgestaltung dieses Verhaltens zumindest schwierig, manchmal sogar so gut wie aussichtslos zu sein.

Doch ausgehend von der Erkenntnis, dass die Zukunft (und auch die Vergangenheit) ein Teil der Gegenwart ist, können diese Umstände auch andersherum beschrieben werden. Das Hier und Jetzt ist demzufolge wesentlich gefüllter, als es auf den ersten Blick scheint. Unter der Oberfläche des heutigen Alltags verbirgt sich zwar viel vergangenes Leid und späterer Kummer, aber genauso viel Glück und Befreiung. Wenn das Leben in der Gegenwart die Zukunft ausklammert, dann ist die scheinbar von Präsenz geprägte Anwesenheit lediglich ein unvollständiges Halbbewusstsein. Der Mensch darf sich weder durch zu viele Träume und Wünsche in der Zukunft verlieren noch durch zu viel Angst aus der Gegenwart wegstehlen. Der einzuschlagende mittlere Weg, der Weg der Achtsamkeit, zeichnet sich deshalb durch die Verantwortung aus, realistisch-wach und aufrechtganz weder der blinden Sucht des Sehnens noch der engen Wonne des spontanen Erlebens zu verfallen.

Knoblauch und Mandarinen

Es geschah in Madras (Südindien) im Juli 1983. Nach zwei Tagen des Herumschauens gönnte ich mir einen freien Nachmittag. Ich setzte mich auf die Veranda eines Cafés, trank den einen oder anderen Tee und aß Erdnusskekse. Zunächst blätterte ich in einer englischsprachigen Lokalzeitung, bevor ich einige Ansichtskarten beschrieb.

Schon als ich mich hinsetzte, fiel mir eine junge Frau mit einem Kind im Arm auf der gegenüberliegenden Straßenseite auf. Ihre dunkle Haut kennzeichnete sie als Tamilin. Sie trug ein dünnes rotes Kleid und keine Schuhe. Sie hatte ein hübsches, mehr noch, ein strahlend schönes Gesicht.

Dieses Strahlen lenkte meinen Blick immer wieder zu ihr

hin. In typisch indischer Art hockte sie auf der Bordsteinkante. Vor sich auf der schmutzigen Fahrbahn hatte sie ein sauberes grünweiß kariertes Handtuch ausgebreitet, auf dem je ein Haufen Knoblauchzehen und Mandarinen lag.

Je länger sie dort saß, desto mehr war ich von ihr fasziniert. Nicht, weil sie gut aussah, mit ihrem Kind spielte und sich gelegentlich mit einem Käufer unterhielt. Nein, es war die Art und Weise, wie sie es tat.

Für sie schien es an diesem Nachmittag nichts anderes zu geben als die beiden Häuflein von Mandarinen und Knoblauchzehen, die sie immer wieder sorgfältig zu kleinen Kegeln aufschichtete. Dazu das Baby, dem sie voller Hingabe ihre Aufmerksamkeit schenkte, mit ihm schäkerte und dabei selbst ins Lachen kam. Und wenn sich eine Kundin für ihre Waren interessierte, wandte sie sich ganz konzentriert dieser Frau zu, sah sie genau an, hielt eine Mandarine hoch, fragte, antwortete und machte selbst dann keinen traurigen Eindruck, wenn sie nichts verkaufen konnte.

Ich sprach nicht mit ihr; vielleicht hat sie mich nicht einmal wahrgenommen. Doch ich stellte sie mir als eine von Zweifeln freie Person vor, die voll und ganz bei sich war, gemittet und zufrieden. Eine Frau, die wusste, wenn sie den Knoblauch und die Mandarinen verkauft hatte, war die abendliche Reisportion gesichert. Diese Aussicht (wenn sie denn überhaupt daran dachte), das Kind im Arm und der Sonnenschein schienen zu reichen, um glücklich zu sein und den ganzen Nachmittag auf eine Art und Weise zu strahlen, dass ich es heute noch spüren kann.

Im Leben heimisch werden

... legte er seine Hand neben der Leiter auf den Baum:
niemals zuvor war ihm so plötzlich und deutlich zum
Bewusstsein gekommen, wie sich die Rinde eines Baums
anfühlt und wie sie und das Leben in ihr beschaffen sind.
Das Holz und die Berührung erfüllte ihn mit Freude,
nicht mit der des Försters oder Schreiners; es war die
Freude am lebendigen Baum selbst.
J. R. R. Tolkien[1]

Mir ist nur ganz selten jemand begegnet, der das Wort »achtsam«
nicht kennt oder mit dem Begriff »Achtsamkeit« keine Vorstellungen verbindet. Für die meisten gehört diese Fähigkeit zum
Menschen ganz einfach dazu, wird jedoch wie so manches andere
nicht weiter entwickelt oder vertieft, sondern auf der Festplatte
des Gehirns deponiert, vorzugsweise in der Datei »Außenorientierung«.

Für einige besitzt Achtsamkeit allerdings eine Bedeutung, die
weit reichender ist als Aufmerksamkeit, Konzentration und Vorsicht, weil sie den Geist einbezieht. Wer sich Zeit nimmt und
Ruhe gönnt, erinnert sich bald an eigene Erlebnisse, die sich
durch einen Gleichklang von Körper und Geist und ein Gefühl
wohlgestimmter Zufriedenheit auszeichnen.

Oft fanden diese von einer Art selbstvergessener Aktivität
gefüllten Ereignisse in der Kindheit statt, wo sie zwar weniger

von Bewusstheit, dafür aber umso mehr von einem unbeschwerten Aufgehen in die jeweilige Situation geprägt waren. Zwar kann sich sicherlich niemand wieder ins Gedächtnis rufen, völlig zufrieden an der Mutterbrust gelegen zu haben. Aber kaum jemand hat vergessen, stundenlang allein und glücklich gespielt oder gemalt zu haben. Andere erinnern sich an den herrlichen Herbstnachmittag, als sie mit ihrem Vater einen Drachen steigen ließen. Manchmal wird auch der erste Kinobesuch oder das erste selbst gelesene Buch genannt. Vermutlich denken auch Sie jetzt an Beispiele aus Ihrer Vergangenheit, als Sie alles um sich herum vergaßen, selbst die Zeit, die dabei wie im Fluge verging.

Später scheinen diese Situationen seltener zu werden, und bei vielen gibt es sie – zumindest in dieser Intensität – überhaupt nicht mehr. Manchmal kommt dieses Gefühl noch einmal bei einem spannenden Computerspiel oder im konstruktiven Stress vor, wenn dieser im Zusammenhang mit einer Lieblingsbeschäftigung steht. Einige haben auch bei ihrem ersten Kuss das Gefühl gehabt, ganz dabei und durch keine Gedanken abgelenkt gewesen zu sein.

Es gibt viele Ursachen für das Verschwinden dieses Phänomens. Die Anforderungen des Alltags, das emotionale Durcheinander während der Pubertät und die vielen Sackgassen beim Versuch, auf eigenen Füßen zu stehen und sich zu einem sozialen Wesen zu entwickeln, wirken dem Empfinden eines physischen und psychischen Einklangs sehr entgegen. Die schon beschriebene Antizipation in Form von Vorfreude und Furcht fördert die Unachtsamkeit ebenso wie die ständige Bewertung aller Wahrnehmungen und allen Handelns. Wer sich ständig mit anderen vergleicht und an hohen Zielen misst, entwickelt leicht eine Skepsis gegenüber dem Gefühl, jemals wirklich zufrieden zu sein und sich ganz heil und gemittet fühlen zu können.

Das ständige Nachdenken über das eigene Tun und Lassen führt auf der einen Seite zwar dazu, sich auch selbstkritisch zu

sehen. Andererseits ist eine von Hinterfragen geprägte Geisteshaltung nicht ohne behindernde Nebenwirkungen.

Viele Menschen bleiben nämlich in dieser inneren Spaltung
stecken. Wenn die aufgeworfenen Fragen hinsichtlich des eigenen Verhaltens oder des Zustands der Gesellschaft ohne Antwort
oder Lösung bleiben, entsteht eine ständige Unsicherheit, weil
nicht mehr klar wird, was richtig und was falsch ist. Die Fähigkeit, sich dessen bewusst zu sein, was geschieht, wird dann zwar
einerseits begrüßt, andererseits aber dann doch nur halbherzig
gepflegt. Diese Oberflächlichkeit verstärkt jedoch das Durcheinander im eigenen Geist und das Gefühl der Entfremdung.

Besonders lähmend wirkt dann der oft nicht zugegebene
Wunsch nach einer Rückkehr in den Zustand vor der geistigen
Durchdringung der Welt. Vielen Menschen erscheint deshalb
die Kindheit wie ein verlorenes Paradies, aus dem sie unfreiwil-
lig vertrieben wurden, als sie mit dem Reflektieren, Vergleichen
und Selbstentscheiden begannen. Diese Sehnsucht darf beispielsweise bei der Suche nach Gründen für den starken Gebrauch von Drogen nicht außer Acht gelassen werden.

Offensichtlich gibt es in diesem Dilemma nur zwei Möglichkeiten: den Weg der Ablenkung und Verdrängung oder den der
Achtsamkeit, also der Annahme und bewussten Entfaltung eben
dieser Fähigkeit.

Viele Indizien sprechen dafür, dass sich die meisten Menschen
für die erste Alternative entschieden haben. Wer statistisch gesehen durchschnittlich zwei bis vier Stunden am Tag vor dem Fernsehgerät hockt, bis zu zehn Liter reinen Alkohol im Jahr trinkt
und fast 40 Stunden in der Woche mit einer Arbeit verbringt, die
von Wegdenken und Entfremdung und nicht von Selbstverwirklichung bestimmt ist, pflegt eine Lebensweise, die nicht von
innerem Einklang, offenen Sinnen, aufrechtem Gang und be-
jahender Identifikation gekennzeichnet ist.

Die realen Gegebenheiten auf der Erde nicht wahrhaben zu

wollen und den Weg der Ablenkung und Verdrängung zu gehen ist in einer Weise üblich geworden, die es fast unmöglich macht, alternative Routen aufzuzeigen. Ursache hierfür ist in erster Linie die Konfusion, die sich angesichts der zahllosen Möglichkeiten und Vorstellungen im Bewusstsein vieler Menschen ausbreitet. Jeder möchte viele Projekte realisieren, jede möchte sich viele Wünsche erfüllen – möglichst ohne Einschränkungen und wenn's geht, alle zur gleichen Zeit.

Unsere Konsumgesellschaft bietet weit gehend die Chance, fast allen dieser Sehnsüchte nachzustellen und sie sich sogar zu erfüllen. Jede dieser Möglichkeiten bietet sich für einen kritischen Blick in den problematischen Aufbau und die schädlichen Tendenzen der »industriellen Wachstumsgesellschaft« an.

So führt der Mangel an Arbeitsplätzen zu einer immer größer werdenden räumlichen Distanz zum Wohnort und zu einem nie gekannten Pendlerunwesen mit Verkehrsstaus, Stress und zerrütteten Familien – doch wer kann schon auf den Job und die Erfüllung materieller Wünsche verzichten? Das Konzept der Mülltrennung hat zwar das schlechte Gewissen beim Wegwerfen nicht mehr benötigter Dinge etwas beruhigt, aber die von Verschwendung geprägte Grundhaltung vieler Menschen kaum beeinflusst und auch nicht unbedingt zur Produktion haltbarerer Waren geführt. Wer sein Geld zur Bank bringt, denkt zwar an die Zinsen, möchte aber meist gar nicht wissen, woher sie kommen, ob aus der Dritten Welt, durch die Produktion von Waffen oder aus der industriellen Massentierhaltung. Und wer sich dann doch dazu entschieden hat, sich aktiv an der Gestaltung einer »besseren« Welt zu beteiligen, stößt manchmal schnell an die Grenzen der eigenen Belastbarkeit und des Durchhaltevermögens, weil der Umfang der Probleme ständig zu wachsen scheint, während sich andererseits die eigenen Sehnsüchte nicht vermindern und die »unpolitischen« Mitmenschen dem Motto frönen: »Alle denken an sich – nur ich denk an mich!«.

> *Stellen Sie sich bitte einmal vor, Sie säßen im Führerhaus eines LKW. Sie sind die Fahrerin und stecken seit einer Stunde im Stau. Alle zehn Minuten dürfen Sie den Motor anwerfen und ein paar hundert Meter voranrollen. Nach einiger Zeit haben Sie das Empfinden, nicht nur die in Ihrer Nähe befindlichen, sondern alle im Stau stehenden Autos brummen zu hören, bis Sie sich schließlich einbilden, das ständige Rauschen aller Benzin- und Dieselmotoren in Deutschland, dann in ganz Europa und den USA und schließlich erdweit zu vernehmen – weit mehr als fünfhundert Millionen lautstarke Kraftquellen. Sie lassen dieses Brummen eine Zeitlang auf sich wirken und bleiben sich bewusst, dass all diese Maschinen ständig tätig sind.*

Fast schon makaber zu nennen ist der Umgang der meisten Menschen mit der Zeit. Immer mehr dringt in immer kürzeren Abschnitten durch die Sinne in den Geist ein. Es wird zwar zeitlich weniger, aber ständig schneller gearbeitet.[2] Es wird weniger geschlafen (seit den 60er-Jahren sind es circa 40 Minuten) und schneller gegessen (minus 20 Minuten).[3] Die »Erlebnisgesellschaft« (»nur ja nichts verpassen«) wird von Eile, Gleichzeitigkeiten (essen, sprechen und zugleich TV schauen) und Freizeitstress bestimmt. »Keine Zeit zu haben ist das die Menschen einende dominierende Gefühl am Ende des zweiten Jahrtausends«[4] – zumindest in den an materiellen Gütern reichen Regionen der westlichen Hemisphäre.

Wer sich der Meinung von Mahatma Gandhi, wonach es »Wichtigeres im Leben gibt, als beständig dessen Geschwindigkeit zu erhöhen«, anschließt, sollte eigentlich genügend Gründe für ein entschleunigtes Leben und mehr Achtsamkeit finden.

Im Leben eines jeden Menschen gibt es Situationen oder Schockerlebnisse, die zu einer kleinen Kurskorrektur oder sogar einer Kehrtwendung auffordern. Fast jeder Mensch erlebt den Tod der Großeltern und später den der Eltern. Viele entgehen einem Unglück im Verkehr oder beim Spielen nur knapp. Schwere Krankheiten, nahe und ferne Katastrophen und kriegerische Auseinandersetzungen gibt es immer wieder. Auch heftiger Liebeskummer und die kleinen und großen Niederlagen, die das Leben mit sich bringen (Schulversagen, eine Ehescheidung oder die Erkenntnis, doch nicht die begabte Musikerin zu sein) können Anlass bieten, mehr als die Oberfläche des Lebens zu betrachten und möglicherweise Konsequenzen daraus zu ziehen.

Sicherlich hat nicht jeder die Chance, sich wie der Buddha für sechs Jahre in die Einsamkeit der Wälder zurückzuziehen, um über Leben, Leiden und Befreiung zu meditieren. Andererseits hat es aber auch noch nie in der Geschichte der menschlichen Zivilisation umfassendere Möglichkeiten gegeben, sich durch Bücher, Studium und Internet mit Philosophie und Weisheitslehren oder grundsätzlich mit Sinn- und Existenzfragen zu beschäftigen und von den Erfahrungen anderer, die ein bewusstes und stressfreies Leben führen, zu lernen.

Schließlich wird – zumindest in den meisten westlichen Ländern – mittlerweile ein breites Spektrum meditativer Methoden angeboten, die allen offen stehen. Es besteht also durchaus die Möglichkeit, die permanente Eile, die ständige Flucht in die Zerstreuung und das ständige »Augen-zu-und-durch« zu erkennen und in eine nicht von vermeintlichen Sachzwängen, Sehnsüchten und falschen Vorstellungen getriebene, sondern bodenständige und der Gegenwart aufmerksam zugewandte Haltung zu verwandeln.

Doch egal, ob dieser Schritt durch ein schockartiges Erlebnis oder durch ein von Abwägen und Vernunft begleitetes Herantasten erfolgt – angesichts der verinnerlichten Orientierung in Richtung Ablenkung und Wegdenken kann ein genaues Hinschauen, eine ehrliche Betrachtung und somit auch eine Transformation und Heilung nicht ohne ein gewisses Anhalten und Zur-Ruhe-Kommen beginnen. Das Gehirn des Menschen besteht zwar aus 100 Milliarden Zellen, enthält aber keinen »Schalter« mit der Aufschrift »Achtsamkeit«, der durch einfaches gedankliches Umlegen seine Wirkung entfaltet. Achtsamkeit entwickelt sich nicht durch Theorie oder einen simplen intellektuellen Befehl wie: »Ab jetzt bin ich immer achtsam!«

Der Weg zu einem Leben, das von Achtsamkeit und bewusster Veränderung gekennzeichnet ist, ist praxisorientiert. Er erfordert nicht nur zu Beginn einiges an Motivation, Konzentration und Beharrlichkeit. Vielleicht sind deshalb nur so wenige bereit und in der Lage, ihn zu beschreiten und langfristig auf ihm zu verweilen.

Wer sich dazu entschließt, meditative Verfahren, also Entschleunigungs- und Achtsamkeitsübungen auszuprobieren, wird in der Regel dazu angeleitet, auf kleine und vorher für unbedeutend gehaltene Geschehnisse zu achten. Dazu zählen unter anderem die Atmung, die Art des Stehens und Gehens, die Lenkung der Aufmerksamkeit durch den Körper, das Wahrnehmen der Stille und noch vieles andere.

Dadurch geschehen manchmal schon nach relativ kurzer Zeit des Übens zwei bedeutsame Veränderungen. Einerseits verfeinert und verstärkt sich die Fähigkeit, vorher unbemerkt verlaufende Gewohnheiten ins Licht der Aufmerksamkeit rücken zu lassen. Andererseits überträgt sich die während des Übens gesteigerte Wahrnehmung fast wie von selbst in den Alltag.

Wenn nach dem heißen Duschen der Kaltwasserhahn aufgedreht wird, ist zumindest für einen kleinen Moment ein Wegdriften des Geistes von der Wahrnehmung der prickelnden Frische, die über die Haut durch den gesamten Körper rieselt, kaum möglich. Beim Aufwachen am Sonntagmorgen erleben viele Menschen einen weit gehend entschleunigten Tagesbeginn, der nach einem tiefen Durchatmen das bewusste und gelassene Ankuscheln ans Kopfkissen (an den Partner oder die Partnerin) ermöglicht, bevor sie sich für das Frühstück mehr Zeit als während der Arbeitswoche nehmen.

Das bewusste Abschalten des Fernsehgerätes und ein intensives Gespräch nach der Nachrichtensendung kann das Gefühl für die fremden und fernen Stimmungen schärfen, die den momentanen eigenen Zustand beeinflussen. Der Wechsel von einem Zeitungsabonnement zu einem sporadischen Lesen unterschiedlicher Zeitschriften kann ebenso zu einer umfassenderen Auseinandersetzung mit der Gegenwart führen wie das Durchforsten des Internets nach Stichworten wie Lebenssinn, Langsamkeit und Bewusstseinsforschung. Manche machen im Garten bei der Pflege ihrer Lieblingsblume eine ähnliche Erfahrung wie ich sie unten beschrieben habe. Wieder andere entschließen sich, doch einmal einen Qigong- oder Yoga-Kurs zu besuchen.

Alles für mich

In der ersten Hälfte meines bisherigen Lebens war ich kein Wandersmann, bis ich mich einer kleinen Gruppe anschloss, die mitten im November im nördlichen Schwarzwald einen Ausflug auf Schusters Rappen wagte.

Der erste Tag verlief sehr gut. Kein Regen, wenig Steigungen, beste Laune, viele Pausen, leckere Stullen. Auch die Nacht war zu ertragen. In einem Heuschober krochen wir in unsere Schlafsäcke, und als es gegen Morgen kalt wurde, rückten wir näher aneinander und wärmten uns gegenseitig.

Der zweite Tag war anders. Schon bei der Katzenwäsche im Bach fröstelte ich. Der gewohnte Becher Kaffee entfiel ganz. Es begann zu regnen, der Wind kam überwiegend von vorne und es war klar, dass wir einen langen Rückweg vor uns hatten.

Die Wege waren steinig. Die Zeit schien kaum zu verge-
hen, das Ziel nicht näher zu rücken. Die Füße schmerzten. Die
Verpflegung war bald aufgebraucht. Die Abenddämmerung
setzte allmählich ein. Und wieder lag eine Steigung an, ein
gerader Weg auf eine ferne Bergkuppe zu. Meine Stimmung
war mindestens schlecht; mir war nach Heulen und Fluchen
zugleich zumute. Doch bevor ich diese Gefühle auslebte, setzte
ich mich an die Spitze der Wandergruppe. Ohne mich noch
einmal umzuschauen schnaufte ich Schritt für Schritt auf-
wärts, bis ich schwitzend und kaum noch etwas denkend den
Gipfel erreichte.

Hier machte der Pfad einen scharfen Knick. Ich folgte ihm
und war somit für die anderen unsichtbar. Ich schaute nach
links in den Schatten des Waldes; ich sah rechts die braunen
Stämme der Bäume. Vor mir erblickte ich mehrere Bergzüge,
und hinter dem letzten dieser dunkelgrün bewachsenen Kup-
pen, in einem schmalen Streifen zwischen Wolken und Wald,
direkt im Horizont, schien eine orangefarbene Sonne, milchig
und rund wie ein Auge, mich anzuschauen.

Abrupt blieb ich stehen, sah noch einmal nach links und
rechts in die Tannen und nach vorne über die Hügel in die
Sonne. Und plötzlich begannen Tränen über meine Wangen
zu rollen, ich schluchzte und wusste überhaupt nicht, was mir
geschah, bis sich in mir eine unsagbare Freude bildete und aus-
breitete. So stand ich, leise weinend und staunend, bis sich
meine Gefühle schließlich in einem Satz verdichteten: »Alles
für mich! Die Bäume, der Weg, der Regen, die Landschaft, die
Sonne – alles für mich! Die ganze Welt – sie ist nur dazu da,
damit ich sie wahrnehme.«

Bei den meisten Menschen gerät in erster Linie zunächst die eigene Lebenssituation ins sensibler gewordene Blickfeld. Hier kann es durchaus zu Irritationen kommen, weil anfangs oft die Bereiche durchforstet werden, die ungeklärt oder gar ungeliebt sind. Dies kann die Arbeit sein, die stressig ist oder sogar gehasst wird. Vielleicht lassen sich bei einer ruhigen Betrachtung die unausgesprochenen Probleme in der Ehe oder der Familie nicht mehr so leicht verdrängen. Auch das soziale Umfeld – Nachbarn, Bekannte oder die eigene Wohnsituation – stellt sich bei einer genaueren Analyse möglicherweise als von Unachtsamkeit geprägt oder als lähmend heraus.

Durch ständiges Üben erweitert sich das von der bewussten Wahrnehmung erreichte Gebiet. Von der Hinterfragung des eigenen Konsumverhaltens (»den Einkauf möglichst preiswerter Dinge möglichst schnell hinter sich bringen«) über die Entdeckung von Suchtstrukturen (»ein Leben ohne Wachmacher wie Kaffee und Tee, ohne die tägliche Ablenkung durch das Fernsehen, ohne den abendlichen Griff zur Schokolade für die seelische Ausgeglichenheit und ohne den ständigen Druck von oben im Beruf kann ich mir schon gar nicht mehr vorstellen«) ist es nicht weit bis zum Versuch, auch das gesellschaftliche Umfeld unter dem Leitgedanken »Achtsamkeit« zu erfassen.

Diese bewusstmachenden und aufklärenden Wirkungsrichtungen sind das eigentliche Ziel aller meditativen Praktiken, denn diese Methoden streben weder eine Flucht vor sich selbst noch vor Problemen an. Schließlich würde es einem achtsam geführten Leben widersprechen, wenn es sich lediglich auf Teilbereiche beschränkt – möglicherweise ausschließlich auf die angenehmen.

Für die Entwicklung von mehr Achtsamkeit gibt es eine Vielzahl hilfreicher Methoden. Auch wenn die Übungen leichter durchgeführt werden können, sobald einige störende Umstände (Lärm, Eile, Gerede oder hektisches Getue) ausgeklammert werden und zeitweise sogar ein »Schonraum« (Meditationsraum, ein Platz im Wald oder eine stille Ecke im Garten) aufgesucht wird, geschieht die »Nagelprobe« inmitten von Stress, Streben und Straucheln. Es geht darum, im gewohnten umtriebigen und »verrückten« Leben achtsam zu sein. Die tatsächliche, die wirklich angewendete Achtsamkeit findet mitten im Leben statt.

Wer danach strebt, ganz und wach im Leben heimisch zu werden und auf eine achtsame Art und Weise mit ihm umzugehen, sollte sich ein Motto der jüdisch-deutschen buddhistischen Nonne Ayya Khema zur Grundlage machen und es beherzigen: »Erkennen, nicht tadeln, ändern.«[5] Wer das Leben, das er oder sie führt, ohne Scheu und blinde Flecken genau wahrzunehmen und auszufüllen beginnt, betritt den Weg der Achtsamkeit. Tadel und Schuldgefühle sollten hier keinen Platz haben und Selbstkritik sollte frei sein von Urteilen oder gar Verurteilungen.

Erinnern Sie sich an Ihre letzte Auseinandersetzung mit Ihrem Vorgesetzten, eine unangenehme Verhandlung bei einer Behörde oder den allzu lang hinausgeschobenen Besuch beim Zahnarzt? Vielleicht sollten Sie beim nächsten Mal eine kleine, zunächst scheinbar sinnlose Veränderung vornehmen, indem Sie sich unmittelbar vor dem Betreten des Büros oder der Arztpraxis auf die Klinke der Eingangstür konzentrieren. Schauen Sie sich den Türgriff genau an, seine Größe und Beschaffenheit, seine Farbe und Form. Nehmen Sie sich dafür drei Atemzüge Zeit. Richten Sie die Haltung Ihres Körpers auf, lockern Sie Ihre Schultern und Ihre Hände und versuchen Sie, an nichts anderes zu denken als an die Klinke vor Ihren Augen. Umfassen Sie dann mit Ihrer Hand ganz langsam den Griff, bevor Sie ihn sorgfältig, aber entschlossen und zügig herunterdrücken und die Tür öffnen. Es ist damit zu rechnen, dass Ihnen diese kleine bewusste Phase zu einem angenehmeren, weil bewussteren und gelasseneren Gesprächsstart verhilft.

All diese kleinen und großen Erlebnisse und Erfahrungen lassen die über Vorsicht und Aufmerksamkeit hinausgehende Fülle der Achtsamkeit aufscheinen. Wer hier nicht nachlässt, kann beginnen, Achtsamkeit zum Kristallisationspunkt eines – möglicherweise neuen – eigenen Weltbildes werden zu lassen oder sein bisheriges durch sie bewusst zu machen. So etwas zu tun, so etwas überhaupt tun zu *können*, wird im Dharma als das »größte Glück« des Menschen angesehen.

ÜBUNG

Qigong – Reisen mit und ohne Bewegung

Bei den Geschmeidigkeitsübungen im ersten Kapitel haben Sie einfache Gelenkbewegungen bewusst verlangsamt. Jetzt soll die Entschleunigung verfeinert und zumindest äußerlich bis zu ihrem Ende geführt werden, indem bei der 3. Übung sogar jegliche Körperbewegungen unterbleiben. Einbezogen werden auch die Bewegungen des Geistes mit all seiner hektischen Aktivität. Bei den nun folgenden Übungen soll der Gedankenfluss gerichtet und dazu benutzt werden, die innere Aufmerksamkeit durch den Körper zu lenken. Die vorgeschlagenen drei Übungen entstammen der in China entwickelten Methodenwelt des Qigong. Dieses Wort lässt sich kurz mit »Atem-Übung« übersetzen oder auch als »Energie-Training« beziehungsweise »Arbeit mit der Lebensenergie«. Das Qigong-System mit einigen seiner Grundüberlegungen wird vor und nach der Übung 3 beschrieben.

Übung 1: Stehen und spüren

Diese Übung wird überwiegend zur Vorbereitung eingesetzt, da sie die Grund- beziehungsweise Ausgangshaltung
für viele andere Qigong-Sequenzen darstellt. Insbesondere wenn diese Stellung eine längere Zeit eingenommen
wird, kann sie auch als »Steh-Meditation« bezeichnet
werden. Es wird wiederum nur wenig Platz in der Wohnung oder im Garten benötigt.

Die Übung selbst können Sie sich als eine Reise vorstellen, die Sie mit Ihrer Aufmerksamkeit durch Ihren
eigenen Körper unternehmen. Diese »Route« dürfen Sie
gerne ergänzen oder auch abkürzen. Sie sollten möglichst
zwei bis drei Atemzüge auf jeder Station verweilen. Spüren
Sie einfach das, was Sie wahrnehmen.

Sie stehen schulterbreit; die Fußinnenkanten sind
parallel ausgerichtet und der Abstand zwischen ihnen
beträgt in etwa eine Fußlänge. Die Knie sind etwas
gebeugt; die Beine sind also nicht durchgestreckt. Auch im
Hüftbereich zeigt sich ein leichtes Einsinken. Die Wirbelsäule ist aufgerichtet; ein eventuell vorhandenes Hohl-
kreuz wird vermindert, indem der untere Teil des Beckens
ein wenig nach vorn geschoben wird. Achten Sie aber darauf, dass diese »in der Luft sitzende Haltung« sich bequem
und nicht verkrampft anfühlt. Der Rücken ist ebenfalls
aufgerichtet; die Brust darf einmal kurz durchgedrückt
werden, sollte dann aber wieder in eine bequeme Haltung
zurücksinken. Die Schultern sind locker; es bildet sich ein
winziges Luftpolster in den Schulterhöhlen. Die Arme
hängen neben dem Körper; die Hände sind leicht geöffnet;
die Handinnenflächen zeigen zum Oberschenkel. Der
Kopf ist erhoben; die Nackenkrümmung kann durch ein
minimales Einziehen des Kinns ein wenig vermindert werden. Die Augen sind halb geöffnet; der Blick richtet sich

ein bis drei Meter vor Ihnen auf den Boden. Der Mund ist sanft geschlossen; die Zungenspitze berührt den oberen Rand der Schneidezähne. Wenn Sie Geräusche hören, sollten Sie nicht versuchen, diese zu identifizieren. Die Atmung ist ruhig und gleichmäßig; sie braucht nicht bewusst verlangsamt zu werden.

Zum bewussten Abschließen dieser Übung stellen Sie ganz langsam die Füße zusammen und legen die Hände flach übereinander auf den Unterleib. So können Sie sich sammeln und Ihrer Stimmung nachspüren. Selbstverständlich ist es möglich, diese Steh-Meditation beliebig zu verlängern, solange Sie sich dabei wohlfühlen. Dann sind auch mehrere Aufmerksamkeits-Reisen durch Ihren Körper möglich.

Übung 2: Wecken und Einsammeln
Die meisten Qigong-Methoden berücksichtigen drei Aspekte. Neben der Aufmerksamkeitslenkung sind dies die äußeren Bewegungen und die bewusste Atemführung. Ich möchte Ihnen einen »Zweiteiler« vorstellen, mit dem ich fast alle meine Kursabende beginne. Diese Mini-Sequenz ist also eine Art »Begrüßungsübung«, kann aber auch gut mit »Wecken und Einsammeln« überschrieben werden. Sie entstammt der vielfältigen Methodenwelt des »bewegten Qigong«. Sie können sie fast überall üben: in Ihrer Wohnung, im Garten, im Park, allein, in einer Gruppe, im Urlaub – es gibt viele Gelegenheiten.

Nehmen Sie zunächst die Grundhaltung ein (siehe Übung 1). Während Sie sich entsprechend hinstellen, spüren Sie langsam durch Ihren Körper. Es wird allgemein empfohlen, während der Bewegungen durch die Nase ein- und den Mund auszuatmen.

Die erste Bewegung soll »die Energie wecken«. Möglichst gleichmäßig heben Sie dann die Arme ganz langsam parallel nach vorn bis auf Schulterhöhe. Dabei zeigen die Handrücken zum Himmel. Alle Gelenke (Schultern, Ellbogen, Handgelenk) sind gelöst; die Arme sind also nicht durchgestreckt. Sie können sich noch ein wenig mehr aufrichten, aber nicht so weit, dass sich die Knie ganz durchstrecken. Während dieser Bewegung atmen Sie ein.

Mit der Ausatmung (Mund öffnen) sinken Sie wieder; das heißt, Sie beugen sowohl in den Knien als auch im Hüftgelenk etwas stärker ein wie bei der Grundhaltung, aber nicht zu tief. Der Rücken bleibt senkrecht aufgerichtet. Die Arme sind während des »Hinsetzens« langsam gesunken, bis sie neben den Oberschenkeln hängen; die Handinnenflächen zeigen nach hinten. Für einen Moment fühlen sich die Arme völlig locker an. Von dieser Position aus wiederholen Sie die Übung 8- bis 16-mal.

Ihre Aufmerksamkeit soll nun dem *dantian* gelten, also dem »Energiezentrum« Ihres Körpers ungefähr drei Fingerbreit unterhalb Ihres Bauchnabels. Sie können auch Ihre Hände wahrnehmen und Ihre Konzentration durch die Vorstellung erhöhen, der Mittelpunkt Ihres Handtellers sei mit einem unsichtbaren dünnen Gummifaden mit der Erde verbunden. Sie können der Schwerkraft nachspüren oder das Gefühl entwickeln, Ihre Hände seien Flossen, die durch weiches Wasser streicheln. Am wichtigsten ist jedoch der Gleichklang von Bewegung und Atmung. Bei der letzten Ausatmung sinken Sie nur noch ganz wenig zurück in die Grundhaltung.

Im zweiten Teil der Begrüßungsübung wird »Energie gesammelt«. Dabei bleibt der Körper die ganze Zeit in der Grundposition. Bei der Einatmung heben sie die Arme – Handrücken nach oben – sanft ausgestreckt seitwärts bis auf Schulterhöhe an. In dieser horizontalen Stellung drehen Sie die locker geöffneten Hände. Nun zeigen die Innenflächen zum Himmel. Während die Oberarme so bleiben, heben Sie die Unterarme an, bis sie nach einem Halbkreis vor Ihrem Gesicht auftauchen; die Fingerspitzen berühren sich nicht. Abschließend werden die Arme langsam nah vor dem Körper nach unten geführt. Die Ausatmung beginnt bei manchen schon beim Heben der Unterarme. Andere nehmen dann noch einen »Nachschlag Luft« zu sich und atmen erst aus, wenn die Hände schon fast vor dem Kopf zusammengeführt sind. Beobachten Sie ganz einfach Ihren Atemfluss, ohne ihn weiter zu steuern.

Ihre Aufmerksamkeit sollte überwiegend im Dantian verweilen, um das »aufgenommene Qi« dort zu sammeln. Sie können sich Ihre Arme im Geist als unendlich lang vorstellen. In der Bewegung durchmessen Ihre Arme dann das ganze Universum und führen Ihnen auf diese Weise – symbolisch – viel »kosmisches Qi« zu. Wichtiger ist jedoch das harmonische Zusammenspiel von Atmung und Bewegung. Empfohlen werden 8 bis 16 »Einsammlungen«.

Übung 3: Sitzend (k)reisen
Für diejenigen, die noch keine Erfahrungen mit Qigong haben, enthält diese Übung einige Elemente, die nicht zu kennen den Erfolg nicht schmälert. Ein gewisses Verständnis kann aber die Motivation deutlich erhöhen.

Die im alten China entstandenen Atemübungen, Gesundheitsbewegungen und Meditationssysteme werden seit einigen Jahrzehnten unter dem Begriff »Qigong« zusammengefasst und weiterentwickelt. Dabei weist die Silbe »gong« auf das Training und die damit verbundene Arbeit hin, kann aber auch als Fähigkeit und Kultivierung verstanden werden.

In seiner speziellen Bedeutung wird »Qi« (ausgesprochen wie »tschie«) mit Atem und Dampf, aber auch als Feuer und Kraft übersetzt. Die allgemeine Bedeutung von Qi gilt der »kosmischen Energie«, die alle Dinge durchdringt und sie belebt. Mit Begriffen wie Lebenskraft und -energie wird Qi dem Menschen zugeordnet, ohne seine Verbindung zur universellen »Ur-Energie« zu verlieren.[6] Die Zusammenführung dieser beiden Worte zu »Qigong« und ihre Übersetzung als Übungen zur Lebenspflege, Energiearbeit und Training der Lebenskraft machen sofort ihre Besonderheit sichtbar. Diese Übungen zeichnen sich nämlich alle durch eine bewusste Eigenaktivität aus.

Der eigene Geist ist beim Qigong-Üben stets einbezogen. Sich selbst ins Zentrum der Betrachtung zu stellen führt mittelfristig zur Entwicklung von Achtsamkeit und somit zu einem besseren Gespür für den eigenen körperlichen und geistigen Zustand. Kleine Wehwehchen und erste Anzeichen einer nahenden Krankheit können auf diese Weise leichter erkannt werden. Darüber hinaus entwickelt sich durch ständiges Üben allmählich die Fähigkeit, sich selbst zu beruhigen und für einen inneren Spannungsausgleich zu sorgen.

Sich der eigenen Energie und Lebenskraft zu stellen und sie bewusst pflegen zu können ist für viele Menschen wie die Entdeckung eines unbekannten Kontinents. Manchen ist angesichts dieser ungewohnten Erfahrung so fremdartig und mulmig zumute, dass sie dieses Gebiet möglichst schnell wieder verlassen und lieber auf die gewohnte Ablenkung, auf Delegierung und die Hoffnung auf eine Gesundung durch Hilfe von außen setzen.

Wer die Erfahrungen mit Qigong ausbaut, hat einen sanften, in seiner Intensität leicht zu kontrollierenden

Weg zum eigenen Inneren betreten. Gepflastert ist der Übungsweg mit Achtsamkeit und Entschleunigung.

Die folgende Übung aus dem »Stillen Qigong« heißt »Kleiner Energiekreislauf«. Sie wird ohne äußere Bewegung und in der Regel ohne bewusste Atemführung praktiziert. Zwar kann sie auch liegend oder stehend (in der Grundhaltung aus Übung 1) geübt werden, aber normalerweise wird sie auf einem Stuhl oder Hocker sitzend durchgeführt. Der Schwerpunkt liegt eindeutig in der Lenkung der Aufmerksamkeit.

Sitzen Sie aufrecht und bequem, ohne sich anzulehnen. Sie können ein Kissen als Unterlage benutzen. Schultern und Arme sind gelockert. Die Hände liegen geöffnet im Schoß oder auf den Oberschenkeln. Der Kopf ist erhoben und die Nackenkrümmung vermindert; die Augen sind sanft geschlossen. Atmen Sie einige Male tief ein und aus und konzentrieren Sie sich dabei auf den Unterleib.

Die Wahrnehmungsreise beginnt etwas oberhalb Ihres Schambeins, ungefähr drei Fingerbreit unterhalb des Bauchnabels. Sie wird nun ständig genau auf der Mittellinie Ihres Körpers entlang führen. Dabei bleiben Sie mit Ihrer Aufmerksamkeit immer an der Oberfläche beziehungsweise ein wenig unterhalb der Haut. Zunächst geht die Wanderung abwärts zwischen die Beine und über den Beckenboden zum Steißbein. Von dort spüren Sie ganz allmählich auf der Mitte der Wirbelsäule aufwärts über den gesamten Rücken bis hoch zwischen die Schultern und zum Nacken. Weiter geht's bis zur Kopfspitze, mitten über den Kopf bis zur Stirn und zwischen den Augenbrauen abwärts über die Nase und die Lippen bis zum oberen Rand der Schneidezähne. Von dort »springt« Ihre Wahrnehmung über die Zungenspitze zum Kinn und weiter die

Halsmitte hinunter zur Brust. Das Brustbein entlang führt die Reise weiter bis zum Bauchnabel und endet schließlich am Ausgangspunkt oberhalb des Schambeins.

Sie sollten für einen »Energiekreislauf« mindestens eine Minute, besser zwei bis fünf Minuten benötigen. Empfehlenswert sind mehrere Kreisläufe, solange Sie sich konzentrieren können und wohl dabei fühlen.

Wer sich mit Qigong, der »Traditionellen Chinesischen Medizin« (TCM) und dem Meridiansystem auskennt, kann bei dieser Wahrnehmungsreise auch »chinesisch« denken und bei den einzelnen Akupunkturpunkten ein wenig verweilen. Vor diesem Hintergrund bewegt sich der »Kleine Himmlische Kreislauf« auf dem Lenkergefäß (*dumai*-Meridian) auf der Mitte der Körperrückseite nach oben und auf dem Dienergefäß (*renmai*-Meridian) auf der Vorderseite wieder nach unten. Wichtige Stationen sind dabei die drei »Dantians« als energetische Zentren (über der Nasenwurzel zwischen den Augenbrauen; zwischen den Brustwarzen auf dem Brustbein; drei Fingerbreit unterhalb des Bauchnabels) sowie die Energiezentren *baihui* (Scheitelmitte) und *huiyin* (Beckenboden).

Weitere Informationen und Anweisungen entnehmen Sie den vielen Büchern zum Thema Qigong.[7] Hier finden Sie auch Hinweise zum »Großen Energiekreislauf«, der allen 12 Hauptmeridianen nachspürt, um auf diese Weise zu versuchen, das »Qi« willentlich zu lenken und sogar zu führen. Aus dieser Zielsetzung leitet sich auch ein alter Name für Qigong ab, nämlich *daoyin*, was so viel bedeutet wie führen und lenken.

»Bewegungs-Qigong« ist in fast allen westlichen Ländern verbreitet, manchmal allerdings unter Bezeichnungen wie

Ch'i Kung, Tao-Yoga oder chinesische Heilgymnastik. Der Vielfalt der Angebote sollten Sie durch das Üben mit verschiedenen Lehrenden begegnen und sich dann für die Methode entscheiden, bei der Sie sich am wohlsten fühlen. Diese hier vorgestellte Sequenz sollten Sie möglichst lange praktizieren und verinnerlichen, bevor Sie sich neuen Übungsreihen zuwenden.

Qigong hat sich in der vergangenen 15 Jahren insbesondere in Westeuropa sehr schnell verbreitet und dabei ein ziemlich unübersichtliches Angebot geschaffen. Lassen Sie sich davon nicht irritieren, sondern bleiben Sie offen und gelassen. Wenn Sie sich ein wenig mit Qigong auskennen, werden Sie sich allmählich von den Vorgaben lösen und Ihrem eigenen Gefühl folgen. Möglicherweise werden Sie sich sogar ein eigenes Programm zusammenstellen. Vermeiden Sie jedoch, sich zu verzetteln oder zu überfordern.

Sie sollten nicht resignieren, wenn Sie nicht alle Bewegungen Ihres Lehrers oder Ihrer Meisterin exakt nachvollziehen können. Jede Bewegung ist zunächst einmal eine richtige, und so lange sie nicht schmerzhaft ist, auch eine gute Bewegung; erst wenn sie unkonzentriert ausgeführt wird, entspricht sie nicht mehr den Intentionen des Qigong. Zweitens kann jede Bewegung mit ein wenig innerer Aufmerksamkeit zu einer achtsamen Bewegung werden. Außerdem sind alle Menschen verschieden, sowohl von der Atmung her als auch körperlich und geistig; ich habe es in meinen Kursen jedenfalls noch nie erlebt, dass zwei Teilnehmende die Bewegung in einem ballettähnlichen akkuraten Gleichklang vollzogen haben. Und viertens sind manche in China entwickelten Qigong-Methoden (zum Beispiel die Acht Brokate) schon so unterschiedlich interpretiert worden, dass niemand mehr weiß, wie es denn dem Ursprünglichen und Authentischen entsprechend »richtig« gemacht wird. Also bleiben Sie locker und bei sich.

Diese Einstellung sollten Sie auch dann entwickeln und beibehalten, wenn Sie Qigong aus gesundheitlichen Gründen praktizieren. Insbesondere bei Tinnitus und Atemwegserkrankungen, aber auch bei vielen anderen Beschwerden sowie für die Prophylaxe und in der Rehabilitation wird Qigong zunehmend angewandt. Versuchen Sie, sich den Vorgaben anzunähern, orientieren Sie sich an den Prinzipien und verinnerlichen Sie diese. Vergessen Sie aber nicht, dass die Eigenaktivität an erster Stelle steht und von Wohlgefühl, Anstrengungslosigkeit und Freiwilligkeit begleitet werden soll.

Erlauben Sie mir deshalb noch eine persönliche Anmerkung, die der in der »Qigong-Szene« weit verbreiteten Überbetonung der medizinischen und gesundheitlichen Aspekte gegenüber der meditativ-spirituellen Dimension des Qigong gilt. Diese Wertung lässt sich mit alten chinesischen Schriften nur selten belegen und ist im Wesentlichen auf die radikale Beseitigung der philosophischen Traditionen in der Volksrepublik China zurückzuführen. Zurzeit wird selten das daoistische und das buddhistische Gedankengut, sondern vorrangig die Traditionelle Chinesische Medizin, zu deren Anwendungsfeld das Qigong gehört, in den Westen »exportiert«.

Selbstverständlich hat das Üben von Qigong günstige Wirkungen auf die Gesundheit. Doch schon die auf den ersten Blick erkennbare und offensichtlichste Dimension dieser Methode, nämlich ihre entschleunigte Art der Ausführung, weist auf ihre nach innen gerichtete Wirkung hin. Gerade deshalb ist Qigong eine der besten Methoden für westliche Menschen, um Körper und Geist zu beruhigen, und auf diese Weise zu beobachten und zu erfahren, was mit dem Geist passiert, wenn er zur Ruhe kommt. Ihm dann gleich wieder neues »Futter« zu geben, indem ihm ein Nachspüren der Meridiane und eine Flut bildhafter Anregungen nahe gebracht werden, verhindert genau diese meditative Wirkungsrichtung.

Deshalb möchte ich Ihnen nochmals empfehlen, bei sich und klar zu sein. Bleiben Sie mit Ihrem Geist nicht im Netz der Meridiane und im äußerst komplexen und komplizierten Medizinsystem des alten China hängen. Spüren Sie sich und Ihre Wahrnehmung und Ihre Fähigkeit, aufmerksam und achtsam zu sein. Üben und genießen Sie die durch diese Methode angeregte Möglichkeit, durch entschleunigte Bewegungen Ihren Körper und Ihren Geist zu beruhigen.

Das größte Glück

Bei jedem Flüstern,
in jeder wachen Stunde
wähle ich mir meine Überzeugungen aus.
R.E.M.[1]

Der tibetische Buddhismus zeichnet sich durch eine umfangreiche bildliche Erläuterung der Weltsicht aus. Eine sehr beliebte Veranschaulichung des »Kreislaufs der Existenzen« ist das »Lebensrad« (*bhava chakra*). In einem kreisförmig komponierten Bild werden unter anderem sechs Bereiche des weltlichen und kosmischen Daseins dargestellt: Götter, Halbgötter (die so genannten Titanen), Menschen, Tiere, Hungergeister und Höllenwesen. Im übertragenen Sinne können diese Bereiche als Persönlichkeitstypen und Lebenssituationen verstanden werden.

Der tibetisch-buddhistischen Vorstellung zufolge ist es ideal, als Mensch geboren zu sein, denn nur für Menschen besteht die Chance, sich vom »Kreislauf der Existenzen« zu befreien, insbesondere wegen der Fähigkeit, die leidhaften Aspekte des Lebens und ihre Ursachen zu durchschauen und durch ein achtsames Leben zu überwinden. Der Buddha veranschaulichte diese Bestimmung beispielsweise in seiner Rede über das Glück[2]: »... erkennen, dass man auf dem rechten Weg ist, ... in stetem Bemühen aufmerksam leben, die Edlen Wahrheiten erkennen und das Nirvana erfahren – das ist das größte Glück.« Das eigentlich unbeschreibbare »Nirvana« darf in diesem Zusammenhang als Befreiung, Frieden und Glückseligkeit aufgefasst werden.

Wer – scheinbar ungefragt – als Mensch in diese Welt hineingeboren wird, kommt nicht darum herum, sich in ihr zurechtzufinden. Und so stellen sich so gut wie alle Menschen existenzielle Fragen in ihrem Leben: »Wer bin ich? Wo komme ich her? Wo gehe ich hin? Was ist der Sinn des Lebens? Was ist der Mensch? Was kann ich tun?«

Ob es zu Buddhas Zeiten einfacher war, angesichts dieser Fragen das Gefühl, »auf dem rechten Weg zu sein«, zu entwickeln, kann heute nicht beantwortet werden. Übersichtlicher ist die Welt und das Leben seither jedenfalls nicht geworden. Der hinter den Erscheinungen verborgenen Struktur des Seins auf die Spur zu kommen ist sicherlich eine der größten Herausforderungen, der sich der Mensch in seinem Leben stellen kann.

Kaum eine Region der Erde hat sich intensiver mit Philosophie, Religion und Wissenschaft befasst als Europa. Von der Antike über das Christentum bis zur Renaissance, vom Rationalismus über den Idealismus bis zum Existenzialismus wurden ständig neue Modelle der Daseinsbetrachtung und -analyse vorgeschlagen und durchgesetzt – mit zum Teil durchaus kritikwürdigen gesellschaftlichen Konsequenzen (Glaubenskriege, Kolonialisierung, Rassendiskriminierungen, totalitäre Systeme und Umweltzerstörung).

Seit geraumer Zeit scheint jedoch klar zu sein, dass sich beim Zurechtfinden in der Welt jeder und jede an die eigene Nase zu fassen hat. Dieser Tatsache hat sich unter anderem der Existenzialismus gewidmet und dabei in aller Deutlichkeit die Freiheit des Menschen herausgestellt. So konstatiert beispielsweise der französische Philosoph und Schriftsteller Jean-Paul Sartre, dass »der Mensch zur Freiheit verurteilt ist«, woraus er die Notwendigkeit zum Engagement ableitet und jegliche von außen kommende Sinnangebote zurückweist.

Diese Ansicht stimmt mit der Erfahrung überein, dass Achtsamkeit nicht delegiert werden kann, sondern von jedem Menschen selbst praktiziert werden muss. Um dabei in sich Sinn und Motivation zu finden, bewegt sich der Mensch permanent im Spannungsfeld von »frei und unabhängig sein« und »eingebunden aktiv sein«. Zwischen diesen Polen geschieht ein achtsam geführtes Leben. Wer hier eine Seite überwiegen lässt und beispielsweise das eigene Engagement auf einer egoistischen und verantwortungslosen Haltung aufbaut, lebt eine Art von Unachtsamkeit aus, die unheilsam für die Mitwelt ist.

Wie wär's mit einer kleinen Reise durch Ihren Körper? Suchen Sie sich einen ruhigen Platz. Stellen Sie sich aufrecht hin mit leicht gebeugten Knien. Sie sollten den Blick beruhigen, also die Augen nicht ganz schließen. Schicken Sie Ihre Wahrnehmung zunächst in Ihre Füße. Spüren Sie Ihr Gewicht und den Kontakt mit dem Boden. Konzentrieren Sie sich bitte zwei bis drei Atemzüge lang auf Ihre Füße. Dann wandert Ihre Aufmerksamkeit zu Ihren leicht gebeugten Knien. Nehmen Sie diese ebenfalls zwei bis drei Atemzüge lang wahr. So geht es dann weiter: zu den Hüften und dem Becken, zur Wirbelsäule und zum Rücken, zu den Schultern, den Armen und den Händen. Sie spüren Ihren Nacken und den Kopf, den ruhigen Blick Ihrer Augen, die Ohren, den Mund und die Zunge, bis Sie sich schließlich für kurze Zeit auf Ihre Atmung konzentrieren. Abschließend sollten Sie Ihre Hände zusammenlegen und sich mit einer kleinen Verbeugung bei sich selbst bedanken.

Jeder Mensch schafft sich ein eigenes Weltbild, das eine mehr oder weniger bewusste Grundlage für sein Handeln darstellt. Mit der Fähigkeit »Achtsamkeit« gibt es einen »Generalschlüssel«, um die scheinbare Orientierungslosigkeit der menschlichen Existenz nicht nur auszuhalten, sondern auch mit einem zunächst vollkommen offenen, sozusagen leeren Rahmen zu versehen, in dem das eigene Wesen frei erscheinen und selbst gestaltet werden kann.

Ende des 20. Jahrhunderts ist der Ausdruck »Patchwork-Spiritualität« geprägt worden. Damit wurde nicht nur ausgedrückt, dass viele Menschen sich aus Resten und Versatzstücken unterschiedlichster Herkunft eine eigene Religion oder Lebensphilosophie ›zusammenbasteln‹, sondern dieses Wort sollte gleichzeitig das Resultat abwerten und als Flickschusterei und amateurhaftes Sammelsurium verunglimpfen. Für mich ist dieses »Patchwork« mit der Herstellung eines wertvollen Teppichs vergleichbar, und ich empfehle allen, es auf diesem Gebiet zur Meisterschaft zu bringen.

Wenn ich mich in meinem Bekanntenkreis umschaue, finde ich niemanden, der oder die sich bei der Ausformung ihres oder seines Weltbildes nur aus einer einzigen Schublade bedient. Ausnahmslos alle versorgen sich aus mehreren, im Grunde sogar unzähligen Quellen. Sie praktizieren eine vielschichtige, oft sogar in sich widersprüchliche, »polyfokale Weltaneignung«, wie es zum Beispiel in der Kunstwissenschaft manchmal ausgedrückt wird.[3]

Mit anderen Worten: Wir sind Menschen, voller Gegensätze und Ungereimtheiten, also wandlungsfähig und liebenswert. So schwärmen vielleicht einige in der Diakonie tätige gottgläubige Angestellte gleichzeitig für das hinduistische Modell der Wiedergeburt, überzeugte Existenzialistinnen fürchten sich manchmal vor einem Freitag, den Dreizehnten, und selbst ein paar Hardcore-Kommunisten konnten in den 70er-Jahren ihren Egoismus nicht vollständig verleugnen.

Meiner Meinung nach ist die »Methode Patchwork« die einzige Möglichkeit, sich die Welt geistig »anzueignen«. Gerade wenn es darum geht, sich ein Bild von der Wirklichkeit zu machen, kommen die Anregungen aus sehr vielen verschiedenen Bereichen. In einer globalisierten und multikulturell geprägten Zeit liefern nicht nur Weisheitslehren und Philosophien, sondern auch Musiktexte, Sprüche, Bücher, Idole, Science-Fiction-Filme und vieles andere mehr wichtige Beiträge. Hinzu kommen die vielen individuellen Erfahrungen, die jeder und jede mit dem Leben selbst macht.

Bibel, Nahtod, Schweinezucht

Wenn eine Volkshochschule ein Seminar »Achtsamkeit und innerer Friede« anbietet, nehmen in der Regel mehr Frauen als Männer, überwiegend berufstätig und aus der Altersgruppe 30 bis 60 teil. Überraschend ist immer wieder das breite Spektrum der vertretenen Weltbilder und die unterschiedliche Tiefe der geistigen Erfahrungen und Einsichten.

Ich erinnere mich an einen Bildungsurlaub, bei dem sich dies besonders deutlich zeigte. Da gab es die bibelfeste Frühpensionärin mit ihrer Freundin, die einen schweren Unfall als »Nahtod« erlebt und in einer bewundernswerten Weise verarbeitet hatte, insbesondere was ihre Furchtlosigkeit vor dem Sterben anging. Neben ihnen saßen zwei atheistische Ostfriesen, die als Diplomlandwirte die Vorteile der westlichen Schweinezucht in den neuen Bundesländern verbreiteten. Zwei erschöpfte Krankenschwestern, ein agnostischer Student, eine Sozialpädagogin mit ihrem anfangs sehr schweigsamen Gatten, zwei lustige Knastmitarbeiter sowie einige neugierige Hausfrauen und Angestellte komplettierten die Runde.

Schon am zweiten Tag zeigte sich, dass die Anwesenden nicht nur tolerant gegenüber Andersdenkenden, sondern auch neugierig darauf waren, sich endlich einmal über das Leben im Allgemeinen und das achtsame Leben im Besonderen auszutauschen. Vier Tage lang pflegten wir eine unglaublich intensive Darlegung verschiedenartigster Meinungen. Alle zeigten, dass sie »Geist« hatten und sich über die Gelegenheit freuten, ihn vorbehaltlos öffnen zu können. Alle Äußerungen waren möglich und galten als richtig und gut. Keiner wollte überzeugen, keine wollte belehren. Alle genossen die Erfüllung ihrer Sehnsucht nach einer vorurteilsfreien Atmosphäre. Das Seminar schuf den Rahmen und die Teilnehmenden füllten ihn mit wachsender Begeisterung.

Alle teilten sich den anderen mit, sprachen aber gleichzeitig zu sich selbst. Staunend sortierten sie beim Reden ihre Ansichten, denn sie lernten nicht so sehr durch Zuhören, sondern durch die eigenen Worte, Sätze und Zusammenhänge. Eine fantastische Atmosphäre. Diese Tage zeigten aber auch, in welchem Vakuum manche Menschen lebten und wie selten sie Gelegenheit haben, ihren »inneren Frieden« in einem offenen Austausch zu berühren und sich über ihr spirituelles Weltbild in einem selbstgesteuerten Lernprozess klar zu werden.

Selbstverständlich setzen sich diese Einzelteile nicht zufällig zusammen, sondern benötigen eine Grundstruktur ähnlich wie bei der Herstellung eines Teppichs, wo zunächst ein Gewebe aus Fäden vorhanden ist, auf dem dann ein Muster geknüpft wird. Und natürlich ist selbst diese Grundstruktur nicht statisch, denn die Wandlungsfähigkeit des Lebens zerreißt manchmal auch dieses Netz – oft sogar gegen den Willen der Schöpfer des Teppichs.

Diese Tatsache weist auf eine der hoffnungsvollsten Eigenschaften der Gattung »Mensch« hin, denn was durch Ereignisse von außen zerrissen wird und dann neu zusammengesetzt werden muss, kann auch von innen heraus, also auf Grundlage eines selbst gefassten Entschlusses, auseinander genommen und durch eigene Anstrengungen umgestaltet werden. Voraussetzung für ein Erfolg versprechendes Vorgehen sollte jedoch eine gute Kenntnis des vorhandenen Gewebes sein.

Knüpfen Sie sich also Ihren Teppich. Entdecken Sie den Rahmen und das Basisraster, suchen Sie nach neuen Fäden und passenden Teilstücken und verbinden Sie diese zu einem »Patchwork«. Zumindest sollten Sie es probieren. Ein Weltbild haben Sie so oder so. Dann sollten Sie sich auch selbst und bewusst darum bemühen, es zu gestalten. Gehen Sie von Ihren eigenen Erfahrungen mit dem Leben und mit der Welt aus. Gönnen Sie sich Zeiten der Ruhe, um zu lernen, sich selbst genau anzuschauen. Üben Sie, allein oder mit anderen, sich zu entschleunigen und etwas achtsamer zu sein, also einen bewussten Umgang mit Ihrem eigenen Alltag zu pflegen. Streben Sie nicht zu schnell nach zu anspruchsvollen oder zu komplexen Zielen. Sie sollten Ihrer eigenen Basis vertrauen und auf Ihrem angesammelten Kenntnisschatz aufbauen. Vielleicht notieren Sie einige von den Gedanken, die in Ihnen entstehen, wenn Sie sich ausgeglichen und ruhig fühlen. Vielen hilft das regelmäßige Führen eines Tagebuchs. Vielleicht finden Sie sogar einen Gesprächskreis, in dem Sie sich über ihre Gedankenwelt austauschen können, ohne gleich in eine Situation zu geraten, in der Sie belehrt werden.

Zwei Voraussetzungen sind allerdings nötig, wenn Sie sich an die Herstellung eines »Patchworks« machen wollen: Sie sollten das Knüpfen und Nähen, das Reparieren und Ergänzen nie beenden, um auch im geistigen Bereich ständig in Bewegung zu bleiben. Und Sie sollten ehrlich zu sich selbst sein.

Für die nächste kleine Übung benötigen Sie einen kleinen Wecker. Stellen Sie ihn bei Ihrer nächsten Mahlzeit neben sich und lassen Sie ihn rund 10 Minuten später kurz klingeln. Legen Sie Ihr Besteck beiseite, lehnen Sie sich zurück und versuchen Sie sich zu erinnern, was Sie im Moment des Klingelns gerade gemacht haben. Waren Sie auf das Essen konzentriert? Haben Sie an etwas anderes gedacht? Haben Sie während des Essens geredet, gelesen oder Radio gehört? Haben Sie das Kauen, Schmecken und Schlucken wahrgenommen? Welches Gericht lag zuletzt auf Ihrer Gabel? (Vielleicht nehmen Sie auch wahr, dass Sie durch das Aufstellen des Weckers schon etwas achtsamer als gewöhnlich gegessen haben.)

Es gibt so viele Weltbilder wie es Menschen gibt. Jeder und jede ist das ganze Leben damit beschäftigt, am eigenen Teppich zu basteln, Ausbesserungen vorzunehmen und manchmal ganze Teile auszutauschen. Nehmen Sie sich der Pflege Ihres Teppichs bewusst an, und werden Sie Teppichknüpfmeister oder Teppichknüpfmeisterin. Und wenn Sie eines Tages mit ihm ins Nirvana fliegen, dann aber bitte ohne Angst, achtsam und entschleunigt und mit einem Lächeln auf den Lippen. Wäre das nicht ein großes Glück?

Immer radikal, nie konsequent

Nichts ist schwerer
und nichts erfordert mehr Charakter,
als sich im offenen Gegensatz zu seiner Zeit zu befinden
und laut zu sagen: Nein!
KURT TUCHOLSKY

Jede Gesellschaft setzt sich aus den in ihr lebenden Individuen zusammen. Ihre Handlungen bestimmen die Struktur, Ausrichtung und Erscheinungsweise der Gesellschaft. Insofern ist der einzelne Mensch ihr bedeutendstes Glied. Die gängigste, weil bequemste Art und Weise, in einer Gemeinschaft zu leben, besteht darin, sich der Mehrheit und deren Ziel- und Wertvorstellungen anzupassen.

Wer sich die Entwicklung von Achtsamkeit zur Lebensaufgabe gemacht hat, schwimmt gegen den augenblicklichen Hauptstrom. Achtsamkeit an sich ist radikal. Ernst genommene Achtsamkeit kann nicht oberflächlich bleiben, sondern bohrt nach. Sie wird nach Begründungen für schädliche Handlungsweisen suchen, die Aufklärung von Ungerechtigkeiten fordern und sich nicht sehr lange mit dem allzu oft verwendeten Hinweis auf »Sachzwänge« zufrieden geben.

Während jedoch der allgemeine Anspruch und der geistige Hintergrund, also die »Theorie der Achtsamkeit«, in einer von Meinungsfreiheit geprägten demokratischen Öffentlichkeit relativ leicht toleriert und in die Diskussion integriert werden kann, ist der Versuch, Achtsamkeit im Alltag tatsächlich und möglicherweise sogar konsequent umzusetzen, bedeutend schwieriger. In den verschiedenen Geisteswissenschaften und Religionen gibt es eine Vielzahl von Theorien über die Struktur der menschlichen Persönlichkeit. Ich möchte im Folgenden die anschauliche Übersicht verwenden, die der Buddha vorgeschlagen hat. Er lehrte, dass sich der Mensch aus fünf Bereichen zusammensetzt: Körperlichkeit, Empfindungen, Wahrnehmungen, psychische Formkräfte beziehungsweise Gestaltungen und Bewusstsein[1] in anderen Worten Körper, Gefühl, Wahrnehmung, Gedanken beziehungsweise Geistesformationen und Sinnesbewusstsein[2].

Alle fünf Gebiete beziehen sich auf das ganze Leben und sind ständig tätig. So ist der Körper von morgens bis abends in Bewegung; er geht, steht, sitzt; er atmet, greift, schreibt; er wäscht ab, fährt Auto, gräbt den Garten um und anderes mehr. Ununterbrochen verändern sich die Gefühle. Auf Sorge folgt Gewissheit, aus Angst kann Mut entstehen, Liebe mischt sich mit Hass, Freude wird von Ärger begleitet. Dies ist ein Wechselspiel ohne Ende. Die Wahrnehmung wird pausenlos fündig. Mal widmet sie sich dem Körper und den Gefühlen, dann richtet sie sich nach außen, sieht fern, hört Geräusche aus der Nachbarwohnung, riecht die frischen Blumen – und der Geist formuliert permanent Gedanken, zu denen das Bewusstsein Kommentare in Form von Analysen, Zielvorgaben, Wertungen und Vergleichen abgibt.

Um all das, was in einem selbst geschieht, wahr- und annehmen zu können, müsste das Leben fast bis zum Stillstand entschleunigt werden. Mit anderen Worten: Ein solcher Anspruch ist im realen Leben nicht erfüllbar. Daraus folgt aber, dass sich alles, also auch die Achtsamkeit, auf allen Ebenen immer noch ein wenig verbessern lässt.

Diese Einschränkung sollte jedoch nicht missverstanden werden. Achtsamkeit darf keine blinden Flecken enthalten. Wenn ich achtsam sein möchte, dann sollte ich auch alles anschauen, was in mir (und um mich herum) passiert. Wenn ich bestimmte Verhaltensweisen, Gegebenheiten und Geschehnisse von vornherein ausklammere, dann bin ich nicht nur unachtsam, sondern habe nicht einmal die Chance, wirklich achtsam zu sein.

Gewohnheiten zu erkennen und mit ihnen zu experimentieren fördert den bewussten Umgang mit ihnen. Ein guter Freund von mir liebt es, fast jeden Abend ein bis drei Gläser Wein zu trinken. Doch für einen Monat im Jahr – meistens ist es der März – unterbricht er dieses Ritual. »Ich will diesen Genuss nicht zur Sucht werden lassen, mir zeigen, dass es auch ohne geht und diesen Unterschied spüren«, so begründet er sein Verhalten. Pflegen auch Sie eine ähnliche Gewohnheit? Das Rauchen nach einem Monat Pause wieder zu beginnen wäre vielleicht kein akzeptabler Rat. Aber den täglichen Griff zur Schokolade für einige Zeit vergessen, das Stück Kuchen am Nachmittag liegen lassen, den Mittagsschlaf durch einen Spaziergang ersetzen, das Geld für das Lottospiel an die Welthungerhilfe spenden, die Kräcker vor dem Fernseher alt werden lassen, den Fernseher mit einer Zeitschaltuhr versehen …? Für mich ist es immer eine große Herausforderung, den morgendlichen Becher Kaffee durch Kakao oder Tee zu ersetzen.

Besonders häufig wird es vermieden, die unangenehmen Seiten des Lebens direkt ins Blickfeld zu nehmen. Dies gilt besonders für Altern, Krankheit und Tod. Aber auch Ärger, Wut, Eifersucht, Misstrauen und Egoismus sind nicht unbedingt Tatsachen, die gern betrachtet werden. Doch wie sollen diese Gefühle und Verhaltensweisen umzuwandeln und zu integrieren sein, wenn sie nicht einmal direkt und genau, also achtsam betrachtet und behandelt werden?

Kompliziert wird es mit der Achtsamkeit auch dann, wenn sie im Kontakt mit anderen Menschen ausgeübt wird. Umgeben von achtsamen Personen fällt es zwar oftmals leichter, selbst achtsam zu sein. Doch der zweite Halbsatz zeigt schon, auf wen es tatsächlich ankommt: Es geht immer um die eigene Achtsamkeit, und die kann nicht delegiert werden.

Allerdings lässt sich die eigene Achtsamkeit durch ein unachtsames Gegenüber auch erhöhen, denn dieser »Spiegel« fördert oft die Konzentration. Wer auf borniert, zynische oder rücksichtslose Menschen trifft, hat sich meistens gut vorbereitet oder wird schnell wachgerüttelt. Scheinbar harmlose und deshalb vermeintlich einfache Situationen können dagegen einlullend wirken, und bei mangelnder Aufmerksamkeit ist das nächste Fettnäpfchen oft nicht weit entfernt.

Auch in der Kommunikation mit anderen Menschen – wie bei der Selbstbetrachtung – kann »achtsam« immer noch ein wenig »mehr achtsam« sein. Der Anspruch kann und sollte durchaus hoch angesetzt (»radikal«) sein, aber der Umsetzung sind Grenzen gesetzt (»nie konsequent«); ein Umstand, der auffordert, sich in Gelassenheit zu üben. Immerhin besteht der Kompromiss, der »mittlere Weg«, aus dem Versuch, jederzeit und überall so achtsam wie möglich zu sein.

Gleichwohl ob allein oder im Kontakt mit anderen, ob achtsam oder unachtsam – alle fünf Persönlichkeitsbereiche sind ständig in Betrieb. Sie tun und handeln von morgens bis abends, die Woche über und das ganze Jahr, bei der Arbeit, in der Familie, beim Lernen und selbstverständlich bei jedem Engagement. Dies geschieht in einer Öffentlichkeit, die ständig darauf Einfluss hat.

Unzählige Bücher, Fernsehsendungen und Therapien befassen sich mit der Fitness des Körpers und dem Umgang mit Gefühlen, beschreiben die Wege der Wahrnehmung, versuchen die psychischen Formkräfte zu analysieren oder möchten Einfluss auf die Inhalte des Bewusstseins nehmen. Werbefachleute und Warenproduzenten, professionelle Lebensberaterinnen und selbst ernannte Moralapostel, Mütter und Väter, Nachbarn und Bekannte, Politikerinnen und sogar der Trainer des Fußballvereins – fast alle Menschen sehen es als eine ihrer Hauptaufgaben an, zu diesen menschlichen Qualitäten Ratschläge zu erteilen, Erwartungen zu hegen, Forderungen zu stellen oder Kritik zu üben.

Insbesondere wer versucht, vom Mainstream abzuweichen, wird kritisch beobachtet und mit Vorgaben und Warnungen, mit Lob und Tadel, manchmal sogar mit Häme und Drohungen belästigt.

Dies gilt natürlich auch für »Achtsamkeit« und »Entschleunigung«. Wer sich vor dem Hintergrund dieser Haltungen gegen den Stress bei der Arbeit wehrt, läuft Gefahr, bei der nächsten Kündigungswelle zuerst betroffen zu sein. Wer sein Geld wegen der damit verbundenen höheren Ausbeutung nicht zum Höchstzinssatz anlegt, wird belächelt und muss sich nicht selten rechtfertigen. Wer keinen Alkohol trinkt, wird bei mancher Feier isoliert. Wer sich der »Vernebelung seines Geistes« entziehen möchte und beispielsweise keine Radionachrichten hört und nicht täglich Zeitung liest, trifft überwiegend auf Unverständnis. Wer anderen nicht ins Wort fallen mag, darf oft nicht mitreden. Und wer es dann noch wagt, ein genügsames Leben ohne eigenes Auto und ohne Flugreisen, aber mit vegetarischer Ernährung und möglichst wenig entfremdeter Arbeit »vorbildlich« zu nennen, gilt manchmal schon als eine Art Bedrohung oder wird als ›Spinner‹ abgetan, da sich einige Menschen ihre lieb gewordenen Gewohnheiten nicht in Frage stellen lassen möchten.

So ergibt sich immer wieder die Aufgabe, auszuwählen, welche Hinweise und Ratschläge – auch und gerade hinsichtlich des Strebens nach einem achtsameren Leben – beherzigt werden sollen und welche nicht.

Die in der westlichen Welt bekanntesten Ratschläge, die sich unter anderem auf die Entwicklung von Achtsamkeit beziehen, sind die 10 Gebote. Wer den Alltag und damit den Versuch, ein bewussteres und gelasseneres Leben zu führen, ins Blickfeld nimmt, bekommt von ihnen direkte Hinweise.

Wie die 10 Gebote versuchen, das Leben der Menschen zu beeinflussen, wird von vielen wie ein Befehl von »oben« verstanden und ruft leicht Abwehr hervor. Der Haken liegt oft schon in den Anfangsworten »Du sollst« beziehungsweise »Du sollst nicht«. Erst eine Wortveränderung hat meinen Umgang mit ihnen erheblich erleichtert: Aus »Du sollst« wurde »Du wirst« und aus »Du sollst nicht« wurde »Du wirst nicht«.

Diese zunächst klein scheinende begriffliche Umformulierung weist bei genauer Betrachtung auf einen bedeutungsvollen Unterschied hin. Es geht zwar in beiden Fällen um dieselben Inhalte, aber sie werden aus einer vollkommen anderen Perspektive erarbeitet. In der Interpretation »Du wirst« kommen keine Vorgaben mehr von außen und von oben herab, sondern sie wachsen durch eigene Einsicht quasi von unten und von innen heraus. Sie beinhalten kein zweifelndes Misstrauen an den Fähigkeiten des Menschen, sondern gehen von Zu- und Vertrauen aus. Sie erwarten keinen Gehorsam, sondern regen dazu an, eigene Verantwortung zu entwickeln. Sie wollen keine ethischen Richtlinien aufpfropfen, sondern vertrauen darauf, dass sich diese Ethik aus eigenen Überlegungen und Einsichten bildet. Sie ängstigen nicht mehr mit Strafe und Schuld, sondern unterstützen das Lernen aus Fehlern und motivieren zu eigenem Bemühen.

Im gewissen Sinne erinnert dieser Vergleich an eine nicht allzu differenzierte, aber griffige Unterscheidung zweier chinesischer Weisheitslehren. Während der Konfuzianismus die menschliche Gesellschaft mit einem in vielen Jahrtausenden entstandenen Regelwerk und klaren Rollenzuweisungen auf den richtigen Weg zu bringen versucht, geht der Daoismus davon aus, dass jeder Mensch durch seine Lebenspraxis ein Interesse an einer guten und glücklichen Gesellschaft entwickelt und sich deshalb die Regeln des Zusammenlebens quasi von selbst ergeben.

Wenn der Buddha die an seiner Lehre interessierten Menschen mit den Worten »komm und sieh selbst« einlud, so bezog sich das auch auf die in seiner Gemeinschaft gültigen ethischen Richtlinien, die *silas*. Diese fünf Lebensregeln, nämlich Vermeiden von Töten, nicht Gegebenes nicht nehmen, Vermeiden von unerlaubter sexueller Betätigung, Vermeiden von unrechter Rede und Absehen vom Genuss berauschender Getränke, zeigen keinen wesentlichen Unterschied zu den christlichen Geboten. Sie weisen auf dieselben Inhalte hin, nur der Zugang und damit auch der Umgang mit ihnen ist ein anderer.

In der auf die heutige Zeit zugeschnittenen Umformulierung der fünf Silas durch den seit 30 Jahren in Frankreich lebenden vietnamesischen Zen-Meister Thich Nhat Hanh wird dieser Unterschied besonders deutlich. Die fünf Richtlinien werden von ihm mit Achtung vor dem Leben, Großzügigkeit, sexuelle Verantwortung, aufmerksames Zuhören und einfühlsames Reden sowie achtsamer Umgang mit Konsumgütern überschrieben.[3] Sie werden mittlerweile in seiner Gemeinschaft als »Achtsamkeitsübungen« bezeichnet und angewendet (mehr dazu im nächsten Kapitel).

Wenn diese Achtsamkeitsübungen – wie es Thich Nhat Hanh empfiehlt – mit dem Polarstern verglichen werden, der zwar für eine Orientierung unerlässlich, aber gleichzeitig nie zu erreichen ist, taucht die Frage nach dem eigenen Standort und dessen Einordnung auf. Wer die Chance, als Mensch einen wachen und aufrechten Blick in diese Welt werfen zu können, nutzen möchte, sollte sich selbst und die eigenen Gewohnheiten anschauen, möglicherweise einige davon ändern und die Änderungsversuche mit den zuvor gefassten Absichten vergleichen.

Diese Vergleiche wirken nicht deshalb lähmend, weil die Ziele nicht zu erreichen sind. Wenn die Vorgaben fremdbestimmt sind und nicht einer eigenen Festlegung entstammen, wenn die Bewertung von außen erfolgt und nicht selbst definierten Maßstäben unterliegen, dann wird eine Fehlleistung im Grunde nicht verstanden und eingesehen, sondern als frustrierend empfunden; jegliches Üben wird als unter Urteilsdruck stehend und von Strafe bedroht erlebt.

Sollten diese Ziele und Absichten jedoch auf Grund selbstgemachter Erfahrungen und freier Überlegungen entstanden sein, kann sich ein Gefühl der Gelassenheit wesentlich leichter entwickeln. Dabei sollten die Vorgaben durchaus hoch und anspruchsvoll sein. Sie dürfen weit über die eigenen Gewohnheiten hinausgehen; ja, sie sollten sogar helfen, diese Eigenarten aufzubrechen. Sie können also radikal, sollten gleichzeitig aber so präzise sein, dass sie verständlich bleiben. Sie sollten die Richtung benennen und aufzeigen, in die zu gehen ist, selbst wenn sie dabei eine Utopie beschreiben. Wenn diese Ziele – wie der Polarstern – der Orientierung dienen, kommt es nicht auf die Erreichbarkeit, sondern auf die Kraft und Motivation an, die von ihnen ausgeht.

Aber in den konkreten Umsetzungsversuchen darf der Sinn für die Realität nicht verloren gehen. Hier sollte die ständige Wandlungsfähigkeit des Lebens für Gleichmut sorgen und nicht zu hastig vorgegangen, sondern entschleunigt und gründlich gelernt und geübt werden. Außerdem sollte nicht ständig über die tatsächlichen Fähigkeiten hinausgegangen oder die Rahmenbedingungen vergessen oder gar geleugnet werden.

»Achtsamkeit« enthält nämlich in der Anwendung neben den Zielvorgaben auch einen Ausgangspunkt. Wer bei der Überwindung eines von Süchten, Ablenkung und Verdrängung geprägten Verhaltens und bei der Entwicklung von Achtsamkeit die eigenen Startbedingungen, den Zustand vor dem Start, den »Anfänger-

Geist« nicht vergisst, kann ständig seine oder ihre Toleranz-
fähigkeit nicht nur in Richtung Ziel (»Polarstern«), sondern
auch im Vergleich mit dem eigenen Ausgangspunkt prüfen.
Schließlich hat es für jeden und jede einen Zustand *vor* dem
bewussten Beginn der eigenen Achtsamkeitspraxis gegeben.

Nicht nur die Veränderung von Gepflogenheiten wie Weintrin-
ken oder Naschen kann zu einer Achtsamkeitsübung entwickelt
werden. Sie sitzen auf dem Sofa gern in der linken Ecke? Warum
nicht mal rechts? Nehmen Sie den Unterschied wahr. Vielleicht
sollten Sie Ihre Lieblingstasse nicht mehr im Geschirrspüler, son-
dern mit der Hand reinigen. Verändert sich dadurch Ihre »Bezie-
hung« zur Tasse? Haben Sie sich schon daran gewöhnt, Emails
zu verschicken? Wie wär's mal wieder mit einem ganz normalen
Brief im Umschlag, mit Briefmarke und handgeschriebener
Adresse? Ihre Frau oder Ihr Mann könnte morgens einen zwei-
ten Abschiedskuss bestimmt ertragen. Fühlt er sich nicht besonders
aufmerksam und noch liebevoller an als der erste Kuss? Es gibt so
viele Gewohnheiten – ändern Sie bitte nicht alle an einem Tag.

Wer sich mit der eigenen Ausgangslage vergleicht, kann sich
darüber hinaus in der Regel über einen Fortschritt freuen. Diese
Freude hilft dabei, das Wichtigste zu tun, was die Entwicklung
eines achtsameren Lebens fördert, nämlich sich selbst verzeihen
zu können, wenn das übende Bemühen nicht so geklappt hat wie
erhofft. Jederzeit besteht die Möglichkeit für einen neuen und
eventuell erfolgreicheren Versuch. Gerade die Entwicklung
einer liebevollen Gelassenheit sich selbst gegenüber ist für das
Training der Achtsamkeit besonders förderlich, ja notwendig.

Der dritte Adler

Vor über 30 Jahren las ich in dem nunmehr schon legendär zu nennenden satirischen Monatsmagazin »Pardon« die folgende Anekdote. Ein Mann geht zum Arzt und sagt: »Ich möchte ein Adler sein!« Der Arzt schaut ihn an und fragt: »Warum?« Daraufhin sagt der Mann: »Damit ich fliegen kann!« – Nach einiger Zeit geht der Mann erneut zum Arzt und sagt: »Ich möchte zwei Adler sein!« Wieder schaut der Arzt ihn an und fragt: »Warum?« Der Mann antwortet: »Damit ich mich fliegen sehen kann!« – Noch einmal geht der Mann zum Arzt. Diesmal sagt er: »Ich möchte drei Adler sein!« Und der Arzt fragt: »Warum?« Die Antwort des Mannes: »Damit ich sehen kann, wie ich mich fliegen sehe!«

Der Zen-Meister Thich Nhat Hanh beschreibt diese »drei Adler« so: »Erhellen wir etwas mit Achtsamkeit, verändert es sich; schließlich vermischt es sich und verschmilzt mit der Achtsamkeit. Spürst Du zum Beispiel, dass du glücklich bist, dann sagst du: ›Ich spüre, dass ich glücklich bin.‹ Gehst du einen Schritt weiter, sagst du vielleicht: ›Ich bin mir dessen bewusst, dass ich verspüre, wie ich glücklich bin.‹ Drei Ebenen gibt es: das Glücksgefühl, das Wahrnehmen des Glücksgefühls und das Wahrnehmen des Wahrnehmens des Glücksgefühls …. In Wahrheit sind diese drei Ebenen natürlich eine einzige.«[4]

In einer von Eile und Geschwindigkeit geprägten Gesellschaft geschieht Entschleunigung nicht von selbst, sondern bedarf eines Entschlusses und seiner gewollten Umsetzung. Das Gleiche gilt für die Entwicklung von Achtsamkeit, wenn sie mehr bedeuten soll als eine aufmerksame Selbstbetrachtung, die nach außen wirkt. Ohne eine entschleunigte und von einem wachen, sich selbst bewussten Geist begleitete Beobachtung wird sich ein

Leben, das umfassend und vollständig achtsam genannt werden kann, nicht einstellen.

Entschleunigung und Achtsamkeit können als »Flügel des dritten Adlers« bezeichnet werden. Mit ihrer Hilfe, also durch ein meditatives und bewusstes Verhalten in möglichst vielen Lebenssituationen und -bereichen gewinnt das Sein eine Qualität, die durchaus als Erfüllung einer der wichtigsten Lebensaufgaben des Menschen angesehen werden kann, denn im Menschen nimmt sich das Leben selbst wahr.

Wonne in der Wanne

Die Wochenenden sind bei mir oft mit Seminaren oder privaten Vorhaben gefüllt, doch gelegentlich gibt es einen freien Samstag. Zunächst geht alles seinen normal-gemütlichen Gang. Ein Bummel durch die Innenstadt mit meiner Frau, Einkäufe auf dem großen Obst- und Gemüsemarkt, ein Plausch in der Nachbarschaft, das Essen für den abendlichen Besuch vorbereiten, vielleicht ein wenig Unkraut jäten oder sogar den Rasen mähen.

Doch nach dem Vier-Uhr-Tee werden weitere Ablenkungen vermieden. Dann gibt es nur noch ein Ziel: die Badewanne. Spätestens um viertel vor fünf liege ich in dem mit ein wenig Duftöl versetzten Wasser. Mindestens eine halbe Stunde darf mein Körper nun einweichen. Fast schwereloses Schwimmen in Wärme und Weichheit. Liegen und loslassen. Mal das eine Bein auf das andere, dann das andere auf das eine legen. Jetzt scheint nichts mehr zu fehlen, um sich ganz und gar zu erholen.

Bis auf eine Kleinigkeit, die wahre Erfüllung. Sie gelangt durch die Ohren in meinen Geist. Bekannte Töne, die dem

Radio entweichen. Stimmen, die ein bekanntes Spiel beschreiben. Wechselnde Berichte aus sieben bis neun Stadien. Konferenzschaltung von der Fußball-Bundesliga. Live und direkt verknüpft mit meinen Fantasien von schnellen Beinen und kickenden Füßen. Der Ball ist rund und flinke Männer jagen ihn über das Feld. Die Fans singen, schreien, toben. Die Reporter überbieten sich mit flotten Sprüchen. Beschreiben den letzten Teil der zweiten Halbzeit. Den Wirbel in den Schlussminuten. Die Taktik hinter Angriffen und Verteidigung. Die Überraschungen in der Nachspielzeit. Die Dramatik bis zum Abpfiff. Fouls und Treffer, Flanken und Fehlpässe, Resultate und Hochrechnungen, Tabellen und Kommentare, Interviews und Legenden.

Gefühle durchrieseln mich. Eine Freude, wenn meine Lieblingsmannschaft Tore schießt oder gewinnt. Seufzen, wenn sie verliert. Ein Lächeln, wenn ein ganz bestimmtes Team leer ausgeht. Daliegen, geschehen lassen, nichts tun. Das Spiel läuft und die Ergebnisse nähern sich von selbst.

Der Körper treibt. Die Gedanken plätschern dahin. Stimmungen kommen und gehen. Der Geist schwebt. Wohlgefühl und Behagen breiten sich aus. Wonne in der Wanne. Höhepunkt des Wochenendes. Gipfel der Entspannung.

Danach kann das Leben neu beginnen.

Taijiquan – Von der Pflicht zur Kür

Taijiquan, Qigong und andere fernöstliche Bewegungs-
methoden enthalten eine starke geistig-spirituelle Kom-
ponente. Schon der Begriff »Taijiquan« (alte Schreibweise
T'ai Chi Chu'uan) verdeutlicht die große Nähe zu einem
geistigen Hintergrund, wenn eine »Faust« (Quan) den
»Firstbalken« (Taiji) trifft, also jenen zentralen Balken, der
die beiden Seiten eines Daches (Yin und Yang) verbindet.
Im übertragenen Sinn wird unter »Quan« eine »Kunst«
und unter »Taiji« das »höchste Letzte«, »gleichbedeutend
mit dem Dao« verstanden.[5] Diese Bedeutungsrichtung
führt Taijiquan direkt in den Kern der daoistischen Philosophie und erklärt das »Einswerden mit dem Dao«
(»Weg«)[6] zum spirituellen Ziel des Taijiquan.

Da die Übungen des Taijiquan aus einer Methode der
Selbstverteidigung entstanden sind (der Legende nach
durch einen daoistischen Mönch, der die Angriffe und die
geschickte Abwehr zwischen einer Schlange und einem
Kranich beobachtet hatte), werden sie mit einem imaginären Schatten oder zu zweit ausgeführt (daher auch die verbreitete Bezeichnung »Schattenboxen«). Dieser kom-
munikative Aspekt und der erwähnte philosophische
Hintergrund werden ergänzt durch anspruchsvolle
Körperbewegungen, weshalb Taijiquan auch als »Kür-
Version« des Qigong gilt. Das auffälligste Kennzeichen
beider meditativen Methoden ist ihre Langsamkeit.

Die folgenden sechs Vorübungen (davon zwei mit
Partner/in) sollen eines der wichtigsten Prinzipien der
Taijiquan-Praxis spürbar werden lassen – die Bewegung
aus der eigenen Mitte. Dieses Zentrum, das in etwa mit

dem Gewichtsmittelpunkt des Körpers übereinstimmt, wird nach chinesischer Vorstellung mit dem »Unteren Dantian« (drei Fingerbreit unterhalb des Bauchnabels) identifiziert.

Übung 1: Schwingen
Sie stehen in der Grundhaltung (siehe Seite 62 f.). Dann drehen Sie Ihr Becken nach links und rechts (ohne Gewichtsverlagerung). Der Rumpf wird automatisch mitgedreht. Die locker hängenden Arme schwingen um den Körper, so dass die Hände sanft das Gesäß oder den Rücken beklopfen. Variationen: Sie können das Gefühl, sich vom Zentrum her zu bewegen, intensivieren, indem Sie die Drehbewegung etwas ruckartiger ausführen. Sie können in den Knien ein wenig tiefer einsinken. Eine Gewichtsverlagerung und ein leichtes »Hinsetzen« auf das belastete Bein kräftigt zusätzlich die Muskulatur.

Übung 2: Freie Gewichtsverlagerung
Sie nehmen jetzt die Stellung »linker Bogenschritt« ein (linker Fuß ist vorn; siehe Zeichnung). Sie verlagern nun nach Lust und Laune das Gewicht und drehen auch das Becken ganz nach Belieben. Auch in den Knien können Sie mal mehr, mal weniger einbeugen. Der Rumpf sollte jedoch ständig aufgerichtet (senkrecht) bleiben. Sie können die Hände auf die Hüftknochen stützen. Sie dürfen bis an die Grenze des Gleichgewichts gehen. Beobachten Sie Ihre Beckenstellung und Ihre Gewichtsverteilung in den Füßen. Die Fußsohlen behalten ständig vollen Kontakt zum Boden (kein Heben der Ferse oder der Fußspitze). Wechseln Sie die Fußstellung vom linken zum rechten Bogenschritt.

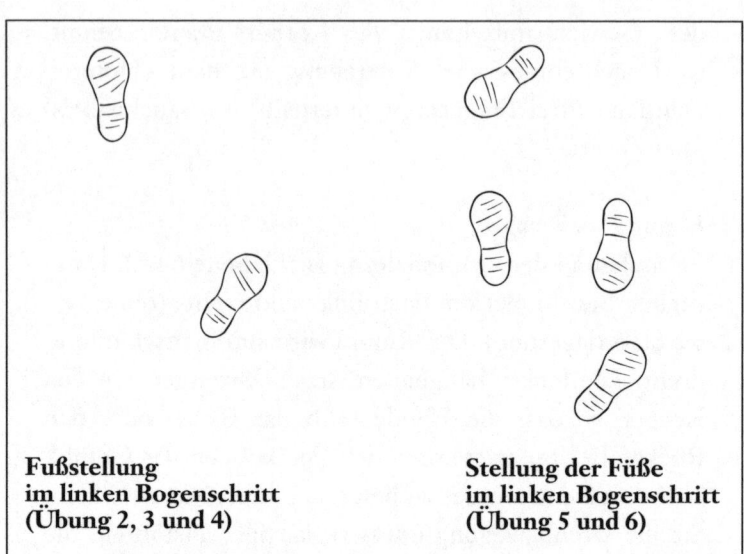

**Fußstellung
im linken Bogenschritt
(Übung 2, 3 und 4)**

**Stellung der Füße
im linken Bogenschritt
(Übung 5 und 6)**

Übung 3: Zurückverlagern und gerichtetes Schieben
Sie stehen im linken Bogenschritt. Das Gewicht ist zu
ungefähr 75 % nach vorne gelagert. Die Becken- und Körperfront zeigt in die gleiche Richtung wie das linke Knie
beziehungsweise die linke Fußspitze. Bei der (im Rücken
aufgerichteten) Gewichtsverlagerung (75 %) auf den hinteren rechten Fuß vollzieht das Becken eine Drehung um
45° nach rechts (ein Gefühl der Beckenöffnung). Nun zeigen Becken- und Körperfront in die gleiche Richtung wie
das rechte Knie beziehungsweise die rechte Fußspitze
(bitte keine zusätzliche Rumpfdrehung). Jetzt wird der
Oberkörper vom Becken her um 45° Grad nach links
gedreht; Sie haben das Gefühl des Beckenschließens. Erst
danach (!) beginnt die Gewichtsverlagerung nach vorn in
die Ausgangsstellung (»gerichtetes Schieben«). Wiederholen Sie diese Bewegung und achten Sie darauf, dass Ihre
Knie sich nicht seitwärts biegen, sondern möglichst über
den Fußspitzen bleiben. Die Fußsohlen behalten Kontakt

zum Boden. Nach einigen Minuten wechseln Sie zum rechten Bogenschritt.

Übung 4: Vorbeileiten durch Drehung
Diese Übung dient der Vorbereitung der Übung 5. Sie stehen im linken Bogenschritt. Die Zurückverlagerung findet ohne Drehung statt. Erst wenn Sie hinten »angekommen« sind (75%), drehen Sie das Becken um 45° nach rechts (»öffnen«). Sie werden nach einiger Übung feststellen, dass diese Drehung am leichtesten erfolgt, indem Sie in der rechten Leiste »einsinken«. Danach drehen Sie das Becken wieder nach links (»schließen«) und verlagern erst dann (!) langsam das Gewicht wieder nach vorn, um dann die Übung zu wiederholen.

Übung 5: Schieben und Vorbeileiten zu zweit
Diese Übung wird zu zweit ausgeführt. Person A und Person B stehen sich nah gegenüber; beide im linken Bogenschritt (Fußstellung siehe Zeichnung). Beide haben den rechten Arm gehoben, so dass sich die Hände auf Brusthöhe befinden. Der mit gerundetem Arm (relativ weit von der Brust entfernt) horizontal gehaltene Handrücken von A zeigt zu B. B legt ihre Handinnenfläche auf den Handrücken von A (Ellbogen hängt). B »sitzt« (Gewicht ist 75% hinten); A hat das Gewicht zu 75% vorn. B ist zunächst die »schiebende« Person; sie bewegt sich langsam nach vorn. A lässt B zunächst näher kommen, indem der Arm an den Schultern und im Ellbogen stärker eingebeugt wird, bis die eigene Innenhand fast die Brust berührt. Ab dann verlagert A das Gewicht langsam nach hinten auf das rechte Bein. Da B ihren »Angriff« noch immer nicht abbricht, »sinkt« A in der rechten Leiste ein, wodurch sich das Becken inklusive des Rumpfs nach rechts dreht. Auf diese

Weise wird der »Angriff« von B automatisch vorbeigeleitet; er geht sozusagen »ins Leere«. Nun wechseln sich A und B ab, indem sie (möglichst ohne dass der Kontakt der Hände verloren geht) sich in die umgekehrte Ausgangslage begeben. B dreht den Handrücken zu A, hat 75% des Gewichtes vorn und ist aufgerichtet; A hat sich im Becken wieder nach links gedreht, sich B zugewandt und die Hand auf ihren Handrücken gelegt. Nun ist A die »schiebende«, B die aufnehmende und vorbeileitende Person. Nach einigen Minuten können beide zum rechten Bogenschritt wechseln und jeweils mit der linken Hand schieben.

Übung 6: Stoßen und Aufnehmen zu zweit
Die Stehposition von beiden ist die gleiche wie in Übung 5. B als »aufnehmende« Person hat beide Arme gehoben und 75% des Gewichts vorn. Auf Brusthöhe legt sich eine Hand um den anderen Ellbogen; die andere Hand umfasst den Oberarm. A legt beide Hände geöffnet auf die erhobenen Arme von B (Daumen unten, Ellbogen hängen); 75% des Gewichts sind hinten. Nun beginnt A sanft (nicht ruckartig), aber durchaus zügig durch Gewichtsverlagerung mit dem Schieben beziehungsweise Stoßen; dabei können auch die Arme etwas durchgedrückt werden. B weicht dem »Angriff« durch Gewichtsverlagerung nach hinten und Einsinken im Leistenbereich aus, nicht aber durch Zurückbiegen des Rückens (der also immer fast senkrecht bleibt); unter Umständen wird ein kleiner Schritt nach hinten vollzogen. Nach einigen Versuchen kann die eigentliche Übung beginnen, die darin besteht, dass A nach innen spürt, um herauszufinden, woher sie die Schiebekraft nimmt. Dafür kommen mehrere Bereiche in Frage: Arme, Schultern, Brust, Bauch (Zentrum), Hüfte und Beine. A sollte experimentieren und versuchen, den

Impuls mal aus dem einen, mal aus dem anderen Bereich kommen zu lassen. Währenddessen achtet B auf sich beziehungsweise auf die Art, wie sie auf die ihr entgegenkommende Kraft reagiert; ob sie sie also mehr in die Arme, in die Schultern, ins Zentrum oder in andere Körperbereiche leitet oder sie allmählich immer mehr durch »Einsinken« aufnimmt. Nach einiger Zeit werden die Positionen und die Aufgaben gewechselt.

Wie Sie schon an diesen vorbereitenden Übungen erkennen können, hat Taijiquan neben einer in Richtung geschmeidige Stabilität wirkenden gymnastischen auch eine meditative Dimension. Die Bewegungssequenzen sind in unterschiedliche Formen beziehungsweise Stile eingebettet, die in der Regel zwischen acht und zehn Minuten dauern (Yang-Stil; Chen-Stil; Peking-Form usw.). In den meisten westlichen Ländern ist es mittlerweile leicht, an Volkshochschulen, anderen Bildungseinrichtungen oder speziellen Taijiquan-Schulen Taijiquan-Angebote zu finden. Außerdem wird diese Methode in vielen Büchern beschrieben.[7] Vom Lernen durch Videos möchte ich abraten, weil hier neben dem kommunikativen auch der »energetische« Aspekt fehlt, der sich aus der Verwirklichung der an der »Yin-Yang-Harmonisierung« orientierten Übungsprinzipien ergibt.

Selbst wenn dem Taijiquan im Vorfeld der olympischen Spiele in Beijing (2008) möglicherweise ein Leistungs- und Bewertungsraster übergestülpt wird, sollten Sie sich von dieser Fehlleitung nicht irritieren lassen und sich daran erfreuen, mit Taijiquan außer Entschleunigung und Achtsamkeit auch ein wenig Geduld und Disziplin üben zu können.

»Beharrlichkeit bringt Heil«. Diese alte chinesische

Weisheit kann sich beim Taijiquan in einer Weise verwirklichen, die die ursprünglich auf Verteidigung und
Aggressionsverarbeitung angelegten Aspekte allmählich
verwandelt. Das beharrliche körperliche Üben von Prinzipien wie Wurzeln, Zentrieren, Sinken, Durchlässigkeit,
Kontakthalten, Erspüren, Nachgiebigkeit, aus dem Zentrum handeln, sich kreisförmig bewegen usw. führt zu
einer Bewegungsdynamik, die nicht ohne Auswirkungen
auf die geistige Haltung bleibt. Wer ständig innere Ausgeglichenheit und feinfühliges Agieren und Reagieren
trainiert, entfaltet eine von Achtsamkeit, Sensibilität und
Harmonie geprägte Geisteshaltung. Während dieses
Phänomen von einigen als »Entwicklung der Energie des
Friedens« bezeichnet wird, sprechen andere gern von der
Fähigkeit, »immer gerade dort nicht zu sein, wo es Ärger
gibt«.

www.wobinichdennhier?

Der Erwerb von Reichtum ist nicht mehr
die treibende Kraft in unserem Leben.
Wir arbeiten, um uns selbst zu verbessern
und den Rest der Menschheit.
PATRICK STEWART als Captain Picard in dem im
24. Jahrhundert spielenden Science-Fiction-Film
»Star Trek – Der erste Kontakt«, 1996

Wer sich die Achtsamkeitspraxis zur Gewohnheit macht, stößt
bald auf ihr Grundprinzip – die Unteilbarkeit. Wer den eigenen
Geist durch eine bewusste Entschleunigung beruhigt, wird in der
Regel alle Bereiche der Wirklichkeit anschauen und durchdringen wollen. Wer konzentriert wahrnimmt, was in ihm und um
ihn herum geschieht, wird lernen, die wunderbaren, aber auch
die fürchterlichen Aspekte des Lebens zuzulassen. Die Realität
wird von den meisten Menschen nämlich bewusst oder unbewusst in drei Schubladen einsortiert. Die erste trägt die Aufschrift »angenehm«, »köstlich«, »erstrebenswert«, die zweite
die Bezeichnung »unangenehm«, »schlecht«, »abzulehnen«.
Und in dir dritte werden alle indifferenten, ambivalenten oder
zunächst neutral scheinenden Aspekte abgelegt.

Ich möchte Sie jetzt bitten, sich kurz zurückzulehnen und Ihre Einfälle zu zwei Überlegungen zu sammeln. Vielleicht machen Sie sich Notizen.

1. Denken Sie an all das, was Sie großartig finden und was Ihr Leben bereichert. Stellen Sie sich eine »heile Welt« vor.

Danach schließen Sie kurz die Augen und bedanken sich für die Anwesenheit all dieser wundervollen Erscheinungen und Möglichkeiten.

2. Denken Sie nun an all das, was Sie furchtbar finden und was Ihr Leben erschwert. Bitte haben Sie für ein paar Minuten keine Bedenken, sich den unangenehmen Aspekten des Daseins zu widmen.

Wenn Sie wollen, bedanken Sie sich auch für die Anwesenheit dieser belastenden Phänomene, denn sie lassen sich nur durch eine vorbehaltlose Wahrnehmung bearbeiten.

Die menschliche Persönlichkeit wird in starkem Maße durch die uns umgebende Gesellschaft gefördert, sie wird aber auch behindert. Daraus resultiert bei mir ein äußerst ambivalentes Verhältnis ihr gegenüber, und ich empfinde manche gesellschaftlichen Phänomene als »vorzüglich«, andere als »schrecklich«.

Auf der einen Seite brauche ich diese Gesellschaft und gestalte sie mit. Ich kann nicht ohne sie sein und bin in ihr zu Hause. Ich erlebe und genieße einige ihrer Errungenschaften wie beispielsweise demokratische Strukturen und ein hohes Maß an sozialer Sicherheit, individueller Freiheit und Gleichberechtigung. Wenn ich einen Blick in frühere Gesellschaftsformen werfe oder mich in andere politische und religiöse Systeme, die gegenwärtig auf unserer Erde existieren, hineindenke, komme ich manchmal sogar zum Ergebnis, weder in einer anderen Zeit als heute noch in einer anderen Region leben zu wollen.

Auf der anderen Seite spüre ich jedoch jeden Tag, wie mich

mein gesellschaftliches Umfeld zu Handlungs- und Betrachtungsweisen treibt, die ich bei genauem Hinsehen nicht nur als fragwürdig, sondern sogar als grundverkehrt einschätze. Einige dieser problematischen gesellschaftlichen Gepflogenheiten, die mir von Geburt an verinnerlicht wurden, behindern hier und heute auf direkte Weise meinen liebevollen und achtsamen Umgang mit Mensch und Welt.

Dazu gehört vor allem der gesellschaftliche Umgang mit dem Altern, mit Krankheit und Tod. Unsere Gesellschaft behandelt diese drei Gegebenheiten auf eine Art und Weise, die oft einer Verdrängung, manchmal sogar einer Tabuisierung gleichkommt. Obwohl sie zum menschlichen Leben ganz einfach dazugehören, wird die Beschäftigung mit ihnen von vorneherein und ständig mit Gefühlen wie Angst und Leiden verbunden.

Dies gilt insbesondere für den Tod. Obwohl im Leben eines Menschen nichts sicherer ist als dies und das Sterben deshalb eigentlich in aller Ruhe als ein feststehender Sachverhalt akzeptiert werden könnte, wird diese Aussicht mit einer kaum begreiflichen Menge von negativen Gedanken und Befürchtungen gefüllt. Diese Haltung verhindert, diesen Aspekt des Lebens genau anzuschauen und ihn direkt und ohne Zweifel zu einer höheren Wertschätzung des Lebens beitragen zu lassen.

Der mit Abwehr und Negativität besetzte Umgang mit Altern, Krankheit und Sterben weist auf eine weitere gesellschaftliche Gewohnheit hin, die ein achtsames Leben beeinträchtigen.

Deutlich wurde mir dieses Phänomen spätestens in den 70er-Jahren des 20. Jahrhunderts durch den Spruch: »In den Männerfantasien werden Menschen zu Funktionen«. Dieses Machtdenken, zu dem auch Frauen in der Lage sind, zeigt sich nicht nur in der Manipulationskraft der Medien, sondern auch im Zwang zu immer größerer Beschleunigung und Flexibilität (zum Beispiel hinsichtlich des Arbeitsplatzwechsels). Und wer sich vorrangig in der Rolle als Konsumentin und kaum noch als Produzent zu verstehen hat, wer die eigenen Wünsche von einer professionell agierenden Werbewirtschaft steuern lässt, wer sich der Tendenz zu einer immer sichtbarer werdenden Vereinzelung (»Single-Dasein«) anschließt, der oder die wird sich bald als kleines Rädchen in einem übermächtigen Getriebe fühlen.

Dieses Gefühl der Machtlosigkeit kann sich leicht zu einem Gefühl der Sinnlosigkeit verstärken und in Kombination mit der unterdrückten Angst vor Leiden und Tod zu einer Art Selbstverkleinerung führen. Die Einschätzung, minderwertig zu sein, verunmöglicht einen angstfreien und glücklichen Gang durchs Leben, schon gar nicht mit erhobenem Haupt und mitten hinein in alle, insbesondere die problembehafteten Lebensbereiche.

Eine solche von Versagensängsten und Hoffnungslosigkeit geprägte Grundeinstellung ist meines Erachtens eine Hauptursache für die verbreitete Politikverdrossenheit, für den Rückzug ins Private, für Alkoholismus, für die Tendenz zur Vereinzelung und Isolation. Sie führen zu einer wesentlichen Einschränkung der Entfaltungsmöglichkeiten des einzelnen Menschen, die eine innerlich gefestigte, engagierte Beteiligung am gesellschaftlichen Leben weit gehend verhindern.

Als soziales Wesen habe ich mich trotz aller Widersprüchlichkeiten ständig innerhalb dieser Gesellschaft zu bewegen. Dabei gewöhne ich mir konkrete Handlungsweisen an, die von dieser Auseinandersetzung geprägt sind. Diese Handlungsweisen sind inzwischen auch von den schon erwähnten fünf buddhistischen Lebensregeln (Silas) inspiriert. Im Folgenden möchte ich anhand dieser Lebensregeln beschreiben, in welch bemerkenswertem Umfeld sich die Menschen heutzutage – auch hinsichtlich der Entwicklung von Achtsamkeit – befinden.

1. »Vermeiden von Töten«. Selbstverständlich habe ich keineswegs vor, ein lebendes Wesen und schon gar nicht einen Menschen zu töten, doch als Autofahrer muss ich jederzeit damit

rechnen, dass mir so etwas passieren könnte. Wenn ich den abgepackten Kochschinken im Supermarktregal (ich nenne so etwas mittlerweile nur noch »Quadratfleisch«) betrachte, kann ich den mit der Herstellung dieser Ware verbundenen Tötungsprozess durchaus erkennen. Verhilft mir ein bewusster Umgang mit meinem eigenen Tod wirklich zu einem rücksichtsvolleren Umgang mit den gefräßigen Schnecken im Gemüsebeet oder mit der Stechmücke, die sich gerade durch meine Haut bohrt? Was soll ich zur Gen-Technik sagen, zur Todesstrafe, zur Ausrottung ganzer Tier- und Pflanzenarten, zu den vielen großen und kleinen Kriegen in aller Welt? Und was kann ich selbst dagegen tun?

2. »Nicht Gegebenes nicht nehmen«. Bei näherer Betrachtung ist mein Eigentumsbegriff nicht eindeutig. Einerseits stehle ich nicht; andererseits frage ich mich oft, ob ich überhaupt etwas wirklich besitzen kann. Gleichzeitig fällt es mir nicht immer leicht, etwas herzugeben oder großzügig zu sein. Einerseits nutze und genieße ich den immensen Reichtum, den sich vor allem die westlichen Gesellschaften geschaffen haben; andererseits frage ich mich, auf wessen Kosten er entstanden ist. Ins Blickfeld geraten mir dann die Menschen in den armen Ländern sowie die Natur und ihre beschränkten Vorräte an Wasser, Boden, Luft und Rohstoffen. Genügen eine Patenschaft für ein Flüchtlingskind aus Tibet, die Begrenzung der Temperatur in der Wohnung im Winter auf 19 Grad und vielleicht ein mit anderen gemeinsam genutztes Auto, um mein Verhältnis von »festhalten« und »loslassen« einigermaßen zufrieden stellend auszupendeln?

3. »Vermeiden von unheilsamer sexueller Betätigung«. Wenn ich zurückblicke, habe ich vergleichsweise lange gebraucht, bevor mir ein intaktes Beziehungsleben möglich wurde. Muss ich die Frage nach der Ursache dieses Verhaltens wirklich mit meiner ländlichen Herkunft und meinen Eingewöhnungsproblemen in der Stadt beantworten? Entsprechen sexuelle Freizügigkeiten und das Single-Dasein tatsächlich dem Bedürfnis so vieler Men-

schen? Oder ist die in den westlichen Gesellschaften so populäre Tendenz zum Alleinleben lediglich das Ergebnis eines »Zeitgeistes«, der Individualität mit der Pflege von Eigenheiten und einem auf das Äußere fixierten Begriff von Freiheit gleichsetzt, und darüber hinaus versucht, auch den direkten und nahen Kontakt der Menschen untereinander (Hausarbeit, Nachbarschaftshilfe, Hausgemeinschaft, Erziehung oder Pflege) zu einem ökonomisch verwertbaren Produkt zu machen? Wenn – vor allem durch die Werbeindustrie – Sexualität und Erotik in einer Weise vermarktet und mit der Wunschproduktion verknüpft werden, die sogar den sexuellen Kontakt ständig in die Nähe eines Konsumverhaltens rückt, sind das nicht unbedingt günstige Voraussetzungen für Verantwortung, Rücksicht, Befriedigung und echte Gefühle, die die Grundlagen für ein auch seelisch befriedigendes Zusammenleben bilden.

4. »Vermeiden von unrechter Rede«. Insbesondere durch das Üben von Taijiquan und die damit verbundene imaginäre Auseinandersetzung mit einem unsichtbaren »Schatten« ist mir deutlich geworden, wie wenig einfühlsam einige Bereiche meiner Kommunikation mit anderen Menschen waren und zum Teil noch sind. Meines Erachtens ist kaum eine menschliche Fähigkeit in den letzten Jahrzehnten mehr in Mitleidenschaft gezogen worden als die Sprache und die mit ihr verbundenen Vorstellungen. Die zu Mini-Häppchen zerhackten Bild- und Tonangebote der Medien wirken dem Erlernen eines konzentrierten Zuhörens entgegen, und der zergliederte Alltag hindert viele Menschen an einem intensiven oder gar tief gehenden Gespräch.

5. »Absehen vom Genuss berauschender Getränke«. Dies könnte allgemeiner aufgefasst werden als ein »Absehen von der Tendenz, unachtsam zu konsumieren«. Hier hat sich die Sparsamkeit meiner Eltern ausgewirkt, indem mir Verschwendung, Konsumrausch und Glücksgefühle beim Kauf von Waren weit gehend fremd sind. Stattdessen stehe ich manchmal fassungslos

in einem bis an die Decke mit Produkten gefüllten riesigen Supermarkt, staune über die als Sperrmüll an den Straßenrand gestellten, oftmals neuwertigen Sachen und freue mich darüber, vor über 20 Jahren das Rauchen aufgegeben und die Gewohnheit des regelmäßigen Liters Bier durch den sporadischen Genuss eines Glases Wein ersetzt zu haben. Außerdem gelang es mir, mich in Bezug auf den Konsum von Informationen von der früheren Überfütterung zu befreien, in dem wir zu Hause ohne Fernseher und Tageszeitung leben, weil wir die Erfahrung gemacht haben, dass wir auch bei einem bewusst eingeschränkten Umgang mit diesen Medien alles Wesentliche erfahren. Gleichzeitig habe ich fast nie den Eindruck gehabt, auf etwas verzichten zu müssen – das hätte ich im Übrigen auch weder gewollt noch durchgehalten. Dennoch gibt es mindestens zwei Bereiche in meinem Konsumleben, die ich bei genauerer Betrachtung als nicht angemessen ausbalanciert ansehe, nämlich die Häufigkeit von Autofahrten und meine Eigenart, relativ viel Wohnraum zu benötigen.

Nach dieser exemplarischen Beschreibung meines individuellen Verhaltens möchte ich noch kurz einige allgemeine gesellschaftliche Gewohnheiten beleuchten, die meiner Meinung nach in nicht allzu ferner Zukunft die Bedingungen für das Leben auf diesem Planeten erheblich verändern werden. Zu diesen Entwicklungen gehören neben dem herrschenden Gier-Prinzip vor allem die »Zukunftsverpfändung«, die Rücksichtslosigkeit gegenüber der Umwelt und die soziale Ungerechtigkeit.

Mit »Zukunftsverpfändung« ist nicht nur der ungeheure Schuldenberg gemeint, der erdweit einige zigtausend Milliarden Euro beträgt. Ihn abzutragen wird für spätere Generationen eine große Bürde sein. Sie wird erhöht durch die Betreuung der zukünftigen Alten und Kranken, die dafür lediglich finanziell vorgesorgt haben nach dem Motto: »Es werden sich schon Leute finden, die mich gegen Bezahlung pflegen und versorgen!«

Hinzu kommen die Probleme, die heute kleingeredet, morgen jedoch offen zu Tage treten werden. Vielleicht mag es noch einsichtig und zu bewältigen sein, die reparaturanfällige Infrastruktur (Straßen, Gebäude, Versorgungs- und Informationssysteme) zu erhalten. Schwieriger wird es jedoch bei der Sicherung des radioaktiven Abfalls, bei der Erhaltung vom Aussterben bedrohter Lebensarten (so es sie denn überhaupt noch gibt) und bei der Nutzung von Energieressourcen, die bald erschöpft sind.

Insbesondere die heutige Rücksichtslosigkeit im Umgang mit der Natur wird sich mehr und mehr zu einer Ursache entwickeln, die letztlich unabsehbare, voraussichtlich aber äußerst unangenehme Auswirkungen auf das Leben der Menschen in der Zukunft haben wird (Klima, Humusschicht, Wasserversorgung, Resistenz gegen Pestizide, um nur einiges zu nennen). Trotz steigender Bevölkerungszahl wird nämlich mittlerweile erdweit eine Lebensweise angestrebt, die davon auszugehen scheint, dass noch drei bis fünf weitere Planeten zur Verfügung stehen, nachdem diese unsere eine Erde ausgeplündert worden ist. Auch wenn dieses Vorgehen immer deutlicher als eine Art »Krieg« angesehen werden kann, den »wir« gegen unsere eigenen Kinder und Kindeskinder führen, werden offen propagierte und gelebte Abweichungen von diesem Weg vielfach belächelt und behindert. Dies gilt zum Beispiel für alternative Wohnformen, ein Leben als Mönch oder Nonne, ehrenamtliche Tätigkeiten, weit gehenden Konsumverzicht und oft sogar für ökologisch und politisch motiviertes Handeln.

Diese Haltung zeigt sich auch bei den sich verstärkenden sozialen Ungleichheiten und Ungerechtigkeiten. Sowohl im Erdmaßstab als auch auf regionaler Ebene klafft die Schere zwischen Arm und Reich immer weiter auseinander, nimmt die Zahl der Menschenrechtsverletzungen zu und zeigen sich immer deutlicher die fragwürdigen Ergebnisse einer Wirtschaftspolitik, die sich mit Bezeichnungen wie »Globalisierung« und »Neo-

Liberalismus« den Mantel einer »globalen Befreiung« umzuhängen versucht, jedoch die in dieser Entwicklung verborgene »Fratze des Untergangs« nur noch mühsam verbergen kann.

Meines Erachtens ist die Bekämpfung und Diskriminierung von kritischen Stimmen und alternativen Gestaltungsansätzen, die diese gefährliche Wirtschaftsweise überwinden möchten, der Gipfel eines von blinder Gier bestimmten unsolidarischen und unsozialen Verhaltens. Offensichtlich ist das Gedankengut der gegen Umweltfrevel, Unterdrückung und die ökonomische Globalisierung protestierenden Menschen für die Aufrechterhaltung der so genannten »Wachstumswirtschaft« äußerst brisant. Nur so lässt sich die vehemente Ablehnung, Abwertung und Unterdrückung dieser kritischen Geister durch die herrschenden Mächte erklären. Es wäre jedenfalls nicht verwunderlich, wenn aus der Zukunft betrachtet gerade die vorsichtigen und genügsamen, also im gewissen Sinne »achtsam« mit der Erde und den Mitmenschen umgehenden Kräfte als »Vorbilder« gelten werden, während den heutigen »Speerspitzen des Fortschritts« rücksichtsloser Starrsinn, gnadenlose Zerstörung von Lebens- und Entfaltungsmöglichkeiten und eine neurotische »Gierschlund-Mentalität« vorgeworfen werden wird.

Diese Haltungen und Entwicklungen beinhalten nämlich Folgen, die nicht nur mich ängstigen. Prägnant hat dies die kalifornische Religionswissenschaftlerin Joanna Macy formuliert: »Wenn die Menschen sich sicher genug fühlen, ihre tiefsten Reaktionen auf die nukleare und ökologische Krise preiszugeben, kommt als innerste und allgegenwärtige Angst der drohende Tod allen Lebens zutage. Heute haben wir die Sicherheit verloren, dass wir eine Zukunft haben werden. Und ich glaube, der Verlust dieser Gewissheit ist die zentrale psychologische Realität unserer Zeit. Eine ganze Gesellschaft hängt fest zwischen dem Gefühl von drohender Katastrophe und der Unfähigkeit, sich dieses Gefühl einzugestehen.«[1]

Diese Erkenntnis in den eigenen Geist einzubeziehen und im konkreten Alltagsleben sichtbar werden zu lassen ist deshalb so schwer, weil auf diese Weise jede Handlung mit einer grundsätzlichen Motivation verbunden ist. Die Aussicht auf den eigenen Tod mag noch Anlass genug für einen achtsamen Umgang mit dem Leben sein. Die Gefährdung der Gattung »Mensch« als Argument und Gefühl im Hier und Jetzt wirksam werden zu lassen, erweist sich demgegenüber als weit weniger leicht durchführbar, insbesondere, wenn die Integration dieser Einsicht ohne Angstgefühle erfolgen und sich in einem von Achtsamkeit geprägten Verhalten ausdrücken soll.

Wenn ich die heutigen von der »Gier-Wirtschaft« beherrschten Gesellschaften mit einem Zug vergleiche, fährt dieser Zug direkt in Richtung einer Wüstenlandschaft. Noch befindet sich die Lokomotive im »Wunderland der Gier-Wirtschaft«, und ihr wird von allen Seiten Energie zugeführt. Doch je näher der Zug der Wüste kommt, desto spärlicher wird die Versorgung ausfallen. Wenn der Zug nicht bald auf eine neue Weiche einlenkt, wird er die Wüste erreichen, dort ausrollen, stehen bleiben und von Nachschubmöglichkeiten weit gehend abgeschnitten sein.

In dieser Gesellschaft habe ich mein Leben zu verbringen und meine Energien und Kräfte einzusetzen. Was soll ich in dieser Situation tun, mit diesen Einsichten und mit dem Anspruch, achtsam sein zu wollen? Mindestens drei Handlungsbereiche habe ich dabei im Blick.

1. »Oasen der Ruhe schaffen.« Wenn ich inmitten des rasenden Laufs der Dinge ein wenig innehalte und Besinnung finde, kann ich mich leichter um eine bessere Verteilung meiner eigenen Energievorräte kümmern. Diese »Oasen der Ruhe« lassen sich sowohl durch eine Entschleunigung des Alltags als auch durch spezielle Übungen wie Yoga, Qigong oder Taijiquan erreichen. Vielleicht gelingt es dabei sogar, die alte daoistische Weisheit »Die größte Offenbarung ist die Stille« am eigenen Leib und

im eigenen Geist zu erleben. Spätestens dann werden kleine Weichen und Bremsklötze aufzufinden sein, selbst wenn die erste unmittelbare Konsequenz nur eine geöffnete Hand ist, die – aus dem Fenster gehalten – den Luftwiderstand für den Zug erhöht und gleichzeitig den Mitreisenden zeigt: Hier ist wieder ein Fahrgast, der oder die sich eigentlich nicht mehr an einer Fahrt in die Wüste beteiligen möchte.

2. »Aus Angst Mut werden lassen.« Zunächst mag es schwierig erscheinen, den unangenehmen Tatsachen und Effekten dieser rasenden Zugfahrt ins Auge zu sehen und diese weder zu verdrängen noch zu bagatellisieren, doch die in der ruhigen Stille erlebte Innenschau kann sich auch beim Abbau von Ängsten als äußerst ergiebig erweisen. Wenn Entschleunigung und Achtsamkeit sich als Gewohnheiten ausbreiten, kann der von Panik erfüllte Blick in die Wüste und die von Hass und Abwehr bestimmte Sicht auf den Zug allmählich von anderen, in sich selbst entdeckten Wertvorstellungen und Motivationen abgelöst werden. Wenn auf diese Weise Hektik, Wut und Angst in den Hintergrund treten, können Mut und Aufrichtigkeit die Oberhand gewinnen und unter Umständen Energien fördern, die sich mit Liebe und Mitgefühl überschreiben lassen. Wenn diese Kräfte nicht nur sich selbst, sondern auch dem Zug gelten, werden sie mit Sicherheit ihren Beitrag leisten, um ihn möglicherweise noch vor dem Erreichen der Wüste zum Einlenken auf neue Weichen und andere Schienen zu verführen.

Ihre Wohnung wird sicherlich ein paar Pflanzen beherbergen.
Vielleicht mögen Sie eine von ihnen nicht so gern, weil sie bei-
spielsweise nicht richtig blüht, zu viel Raum einnimmt oder unan-
genehme Erinnerungen weckt. Versuchen Sie in den kommenden
Wochen, diese Pflanze besonders sorgsam zu behandeln. Gießen
Sie sie vorsichtig von allen Seiten, reinigen Sie die Blätter, geben
Sie ihr eine Extraportion Dünger, stellen Sie sie an einen ande-
ren Platz usw. Sie brauchen weder mit ihr zu sprechen noch an
»Liebe« zu denken oder zu hoffen, dass sie auf diese Weise schnel-
ler wächst oder Ihnen besser gefällt. Schenken Sie dieser Pflanze
ganz einfach möglichst jeden Tag ein wenig Ihrer ganz bewussten
Aufmerksamkeit.

PS: Selbstverständlich können Sie diesen achtsamen Umgang
auch mit Ihrer Lieblingsblume oder einem »neutralen« Gewächs
pflegen.

3. »Die Zukunft heute auf die Tagesordnung setzen.« Sowohl die Wüste als auch die verbleibende Zeit auf den Weg dorthin – die mit Sicherheit wesentlich knapper ist als die jetzigen Lokomotivführerinnen und -führer behaupten – darf nicht als etwas gesehen werden, was erst in der Zukunft entdeckt und korrigierend behandelt werden kann. Im Gegenteil: Erstens ist es dann zu spät, und zweitens ist die Zukunft ein Teil der Gegenwart. Deshalb können die nötigen und richtigen Weichen heute – und nur heute! – gestellt werden.

Und zum Glück wird dies schon vielfach unternommen. Wenn Völker sich zum Beispiel gegen die Zerstörung ihrer Kultur wenden, Nationen den Ausverkauf ihrer natürlichen Ressourcen beklagen, Religionsgemeinschaften von der »Bewahrung der Schöpfung« sprechen, Hunderttausende Menschen die ökonomisch bestimmte Globalisierung kritisieren oder die

UNO regelmäßig zu internationalen Konferenzen über Umwelt und Entwicklung einlädt, dann zeigen sich viele Kräfte, die den »Wüstenzug« bremsen, stoppen und umlenken wollen.

In meiner Heimatstadt ist es vor allem der Arbeitskreis »Agenda 21«, der sich dieser Thematik widmet. Entstanden aus einer Konferenz der UNO in Rio (1992) versucht diese Gruppe – wie viele tausend andere auf allen Kontinenten auch – unter dem Motto »Global denken, lokal handeln« das »21. Jahrhundert« auf die Tagesordnung zu setzen.

Mit etwas gutem Willen finden sich viele Möglichkeiten, sich gesellschaftlich auf eine Weise zu engagieren, die »achtsam« im Sinne von bewusst, nachhaltig und zukunftsfähig genannt werden kann. Dabei – um beim Bild des Zuges zu bleiben – gibt es noch eine Menge unbekannte oder auch »neutrale« Waggons zu entdecken, die sich nicht sofort in die Schubladen »wunderbar« und »fürchterlich« stecken lassen. Zu ihnen gehören etliche traditionelle Kulturerrungenschaften, der gegenwärtige Augenblick, die vielen unbekannten Menschen im gleichen Wohnblock oder -viertel, die ehrenamtliche Arbeit mit und für andere. Diese »Waggons« genau anzuschauen, sie möglicherweise in die »positive Schublade« zu bugsieren und sich ihnen bewusst verstärkt zu widmen, kann ebenfalls dazu beitragen, der Lokomotive etwas an Schwungkraft zu nehmen.

Auch auf diese Weise zeigt sich, dass Achtsamkeit gerade in Blickrichtung »Gesellschaft« unteilbar ist. Wenn Achtsamkeit auf der Grundlage von Entschleunigung im gesellschaftsbezogenen Handeln Anwendung findet, dann bilden beide hervorragende Hilfsmittel sowohl für eine kritische Distanz als auch für einen Wiedereinstieg und eine aktive Teilnahme.

Die Gierwirtschaft und ihre Folgen

Im Grunde hat ein einziges Wort den Ausschlag gegeben, der Gedankenwelt des Buddha meine volle Aufmerksamkeit zu schenken – das Wort »Gier«. Es fasst in meinen Augen die Antwort auf die zentrale Frage nach dem Zustand und den Bedingungen des Lebens in vier Buchstaben zusammen. Der Buddha hatte nämlich in der so genannten Ersten Wahrheit festgestellt, dass »das Leben Leid enthält« und in der Zweiten Wahrheit nach der Ursache dieser leidhaften Aspekte gesucht.

Seine kurze, treffende und zugleich anschauliche Antwort auf die Frage nach der Ursache des Leids war: »Gier«. Ein Begriff, der von Anfang an durch die Oberfläche des menschlichen Verhaltens direkt bis zur Motivation vordringt und diese nicht zerredet, sondern auf den Punkt bringt. Ohne theoretisches oder abwiegelndes »Geschwafel« geht es mit dieser Charakterisierung sofort »zur Sache«.

Von Beginn an habe ich diese Antwort des Buddha nicht nur auf mich selbst, sondern auch auf die Gesellschaft als Ganze bezogen. Die Feststellung »Gier« beschreibt nämlich einerseits eine meiner zentralen Eigenschaften, und andererseits ein Phänomen, das die heutigen Gesellschaften anzutreiben und sie in ihrem Innersten zusammenzuhalten scheint.

Der Buddha hat vor 2 500 Jahren sicherlich gewusst, dass die Menschen noch für lange Zeit von einem von Angst und Leid begleiteten Streben beherrscht sein werden. Ob er allerdings geahnt hat, dass sie diese Eigenschaft dermaßen pflegen und sich eine Gesellschaftsform schaffen würden, die heutzutage von der Triebkraft »Gier« bestimmt ist, darf bezweifelt werden.

Gegenwärtig gilt das Erlangen von Eigentum, Prestige und Macht nicht nur auf individueller Ebene als Lebensziel, sondern das Streben nach Gewinn und Wachstum ist zum Motor der

Gesellschaft insgesamt geworden. Die Ideologie des »Immer-Mehr«, die Notwendigkeit der Rendite und der Drang zur Umsatzsteigerung sind nicht nur in den Köpfen der Menschen, sondern auch in den Richtlinien und Gesetzen der gesellschaftlichen Institutionen (Staat, Bankenwesen und Arbeitsrecht) verankert. Diese Festlegungen sind in ihrer Summe und gegenseitigen Verstärkung dermaßen zwingend, dass sie fast als Dogma bezeichnet werden müssen.

Die Menschen sind also nicht nur selbst durch den Wunsch nach Aneignung strukturiert, sondern auch von Einrichtungen umgeben, die dieses Streben systematisch unterstützen. Von der Sucht nach persönlichem Gewinn angetrieben, erleben die Menschen von außen her eine bislang nie erreichte Verstärkung dieser Bemühungen. Sie haben sich in den vergangenen Jahrzehnten eine Gesellschaftsordnung geschaffen, die der in ihnen selbst vorherrschenden Orientierung entspricht. Die individuelle Sehnsucht, alles besitzen und auf diese Weise das Dasein ergreifen und festhalten zu wollen, geht Hand in Hand mit einem politischen, juristischen und moralischen Umfeld, das dazu antreibt, diesen Durst nach Haben möglichst exzessiv zu befriedigen. Der selbstsüchtig strebende Mensch lebt in einer zwanghaft profitgierigen Gesellschaft, in einer Gierwirtschaft.

Im historischen Prozess ihres Auf- und Ausbaus hat die Gierwirtschaft zum Teil äußerst autoritäre Herrschaftsformen überwunden; zum Beispiel die Verschränkung von Staat und Kirche, die Monarchie, den übertriebenen Nationalismus, den offenen Kolonialismus, den Faschismus und in den vergangenen Jahren auch die »Planwirtschaft« des so genannten mal existierenen Sozialismus. Übrig geblieben ist der Markt, der zur Zeit zum Weltmarkt ausufert.

Zu Beginn des 21. Jahrhunderts zeichnet sich diese Entwicklung durch ein Maß an Zerstörung aus, das auf globaler Ebene die Erste Wahrheit des Buddha unübersehbar bestätigt: »Die Erde leidet.« Man kann dann zur Zweiten Wahrheit übergehen: »Ursache dieses Leidens ist die Gier der Menschen und der Menschheit.«

Die verbohrte und blindwütige Ausschließlichkeit, mit der das Gier-Prinzip gegenwärtig durchgesetzt wird, ist zutiefst unachtsam und wirkt in vielerlei Richtungen unheilsam, also Leid verstärkend. Auf Grund dieser Einseitigkeit ist mittlerweile sogar die Frage zu stellen, ob es in einem so grundsätzlich unheilsamen Lebensumfeld überhaupt möglich ist, ein achtsames Leben zu führen.

Festgestellt werden muss aber auch, dass diese Eigenschaft ohne Achtsamkeit, also ohne ein vorbehaltloses, klares, direktes und bewusstes Annehmen der »Gier«, nicht überwunden werden kann. Weder lässt sich die »Gier« durch ein Verbot aus der Welt schaffen noch wird sich die »Gierwirtschaft« einfach selbst beseitigen. Bei einem achtsamen Umgang mit der Erde können die unheilsamen Kräfte jedoch entlarvt und durch andere ersetzt werden. Auf diese Weise besteht die berechtigte Hoffnung, dass die »Gier« allmählich wie von selbst verschwindet oder zumindest in eine der hinteren Reihen der menschlichen Antriebsenergien zurückgestuft wird.

Das hauptsächliche Problem liegt also darin, die destruktiven Motivationen zu erkennen und durch konstruktive auszutauschen, die wesentlich heilsamere Wirkungen entfalten. Der Buddha hat in seiner Dritten Wahrheit diese Möglichkeit ausdrücklich bejaht, indem er mit der Beseitigung der Leidensursachen gleichzeitig die leidhaften Aspekte selbst verschwinden sah. Schließlich sind diese Ursachen (so auch die »Gier«) im Geist des Menschen entstanden und daher grundsätzlich zu verwandeln.

Deshalb konnte der Buddha in der Vierten Wahrheit eine »Medizin« beschreiben, die sich aus Versenkung, Erkenntnis und Ethik zusammensetzt und dem einzelnen Menschen hilft, sich dem Dasein auf eine realistische Weise zu stellen und einen von Liebe und Mitgefühl geprägten achtsamen und heilsamen Umgang mit den Mitmenschen und dem gesamten Lebensumfeld zu praktizieren.

Um diese »Medizin« auch in Richtung der »leidenden Erde« möglichst ergiebig und effektiv einzusetzen, gibt es also zwei Blick- und Handlungsrichtungen. Einerseits die Umweltschädigungen zu erkennen und zu unterlassen; andererseits bedarf es einer ruhigen und vorbehaltlosen Analyse aller tief im Menschen verankerten und vom gesellschaftlichen System verstärkten und sich schädlich auf die Umwelt auswirkenden Kräfte und Eigenschaften. Auch sie gilt es zu überwinden, wenn der Erde geholfen werden soll.

Schließlich darf bei den Bemühungen, eine weitere Beeinträchtigung der Lebensgrundlagen zu verhindern, nicht vergessen werden, dass weder die Erde noch die Menschen die Naturgesetze verändern können. Nicht die Erde selbst, sondern ausschließlich die Menschheit ist in der Lage, rechtzeitig zu erkennen, ob und wann sich bestimmte Schädigungen zur Ursache für weit schlimmere oder gar irreparable Wirkungen entfalten. Beim Verbot der Verwendung des FCKW-Gases hat die Gesellschaft bereits bewiesen, dass sie zu solch einer Vorgehensweise in der Lage ist. Allerdings hat sie in diesem Fall lediglich ein Symptom kuriert – die Beseitigung einer so zentralen Ursache wie der »Gier« wird viel schwieriger sein.

Viele Menschen fühlen sich nicht angesprochen, wenn sie als »gierig« bezeichnet werden. Ihnen ist dieser Begriff zu altmodisch; er erscheint ihnen verkürzend und diffamierend. Schließlich sind die meisten Menschen im Westen relativ wohlhabend, sozial eingestellt, können sich locker und ungetrieben viele ihrer Wünsche erfüllen und ihre Freizeit mußevoll gestalten. Wieso also sollten sie »gierig« sein?

Die Selbsteinschätzung »Ich bin doch nicht von Gier geprägt!« enthält auf jeden Fall eine gehörige Portion Verdrängung. Indem die Menschen ihre zentrale Motivation, nämlich ihr Verlangen nach immer mehr materieller Befriedigung, dem Giersystem übertragen haben, sind sie sozusagen »fein raus«, denn die Gierwirtschaft »macht das schon«; sie ist für die Erfüllung zuständig und dabei zumindest in der reicheren westlichen Welt sehr erfolgreich.

In der Auswirkung auf den Einzelmenschen macht sich diese Übertragung dann lediglich als Notwendigkeit bemerkbar, ein Rädchen im großen Getriebe zu sein. Der oder die Einzelne hat sich an die gemeinsame Entwicklung anzupassen und seinen oder ihren Anteil an der Gemeinschaft zu leisten. Die »Gier« hat sich auf diese Weise hinter den vielen kleinen Sachzwängen des Alltags versteckt und sich zusätzlich mit Tarnschildern wie »Das machen doch alle so« und »Das brauche ich eben« versehen können.

Durch die teilweise Delegierung der Gier-Sucht vom Individuum an die Gesellschaft hat sich diese Motivation zu einem Prinzip verselbständigt. Es ist der menschlichen Kontrolle weit gehend entglitten, weil seine Existenz fast vollständig geleugnet werden kann. So untermauert meines Erachtens beispielsweise der Begriff »Geldwirtschaft« diese Verselbständigung. Das »Geld« kann dann als ein unabhängiges Etwas angesehen werden, das eigenen Gesetzen unterliegt, sozusagen »Kapital« ist, das »arbeiten« muss, um sich zu »vermehren«. Auf diese Weise wird verschleiert, dass das Wachstum dieses Kapitals mit Hilfe von Regeln geschieht, die von Menschen gemacht worden sind, und die von einem Drang nach Vermögen, Macht und Ansehen angetrieben wurden. Der Spruch »Geld regiert die Welt« greift deshalb zu kurz; er sollte lauten: »Gier regiert die Welt.«

Wenn ein einzelnes Unternehmen oder sogar ein einzelner Mensch über mehr Wirtschaftskraft verfügt wie halb Afrika, wenn der Abstand zwischen ganz armen und ganz reichen Ländern sich ständig vergrößert und wenn durch die Globalisierung der Produktionskreisläufe die menschliche Arbeitskraft auf dem internationalen Verschiebebahnhof des Lohndumpings gelandet ist, kann von einer Begrenzung der Wirtschaftsmächte keine Rede sein. Der in Form von Geld angehäufte Reichtum vagabundiert von Kontinent zu Kontinent, ständig auf der Suche nach effizienteren Verwertungen, nach Höchstrenditen, Mehrwert, Spekulationsgewinnen, Kurserhöhungen, besseren Dividenden, Konkurrenzvorteilen, Marktmonopolen und garantierten Zinsen.

Um die Menschen weiterhin glauben lassen zu können, dass es ohne größeren Gewinn, schnellerem Wachstum und höherer Effizienz weder Fortschritt noch Wohlstand, weder Freiheit noch Menschenrechte gibt, werden Kritikerinnen und Kritiker kriminalisiert und Horrorbilder vom Zusammenbruch der Zivilisation heraufbeschworen, falls es zu einem Ende der »freien Gierwirtschaft« kommen sollte und das Bruttosozialprodukt nicht weiter steigen kann.

Indizien für erreichte oder gar überschrittene Grenzen gibt es jede Menge, doch noch werden sie in der Regel lediglich als »aufregende Nachrichtenmeldung«, »bedauerliche Ausnahmefälle«, »im Rahmen bleibende Extreme« oder »einmalige Ausrutscher« der Natur angesehen und abgetan. Weder der erdweit zunehmende Mangel an Trinkwasser noch der Rückgang der Dauerfrostgebiete, weder die sich verstärkende Erosion der Humusschicht noch das schnelle Verschwinden der tropischen Regenwälder, weder mittlerweile jährliche Überschwemmungen des Rheins noch die Überflutung von Prag und Dresden, weder die Dürren in Afrika noch die sich häufenden Waldbrände in Europa, Australien und den USA werden zum Anlass genommen, ernsthaft über Zusammenhänge und tiefere Ursachen all dieser Erscheinungen nachzudenken und sie mit Systemzwängen in Verbindung zu bringen.

Der Wunsch der Inder, Chinesinnen und anderer nach einem

eigenen Auto, einer beheizbaren Wohnung und Ähnlichem mag verständlich sein. Realisierbar ist diese Perspektive jedoch nur für einen sehr kurzen Zeitraum. Wenn alle Menschen ähnlich viel Motoren betreiben wie die Westeuropäer und Amerikanerinnen, werden sich die fossilen Brennstoffe im Nu in Kohlendioxid verwandelt haben. Eine schonendere Alternative ist für einen derart hohen Verbrauch nicht in Sicht. Insofern weist dieser Vergleich nicht so sehr auf die Situation in Indien und China hin, sondern richtet sich in erster Linie an die reichen Länder. Vor allem hier hat der Umorientierungsprozess zu beginnen.

Wenn das Giersystem bestehen bleibt, sich auch künftig ungebremst ausdehnen darf und die Menschen sich weiterhin von ihm zu einem verschwenderischen Umgang mit den natürlichen Ressourcen treiben lassen, kann es für den Zustand des Planeten Erde keine heilsamen zukunftsfähigen Prognosen geben.

Ungefesselt wird die vom Gierprinzip beherrschte Ökonomie unseren Heimatplaneten so lange malträtieren, bis die Erde selbst diese Entwicklung umdreht und sich die Wirkungen der zurzeit noch geleugneten Ursachen in einer deutlichen, nicht mehr zu kontrollierenden Wucht zeigen. Dann werden die Menschen, wird die Menschheit ganz einfach dazu gezwungen sein, von der Gier zu lassen. Allerdings muss das Knicken der Parameter erst einmal überlebt werden.

Das Knicken der Parameter

In seinem Buch »Das Universum in der Nussschale« rechnet der Mathematik-Professor und Kosmologe Stephen Hawking vor, wie sich die Weltbevölkerung entwickeln wird, wenn es bei der gegenwärtigen jährlichen Wachstumsrate von 1,9 Prozent bleibt. Im Jahre 2600 würden die Menschen Schulter an Schulter stehen, ohne Möglichkeit, sich hinzusetzen oder gar hinzulegen.[2]

Ähnliche – allerdings wesentlich früher eintretende – Wirkungen werden sich zeigen, wenn sich die Zahl der Autos im bisherigen Tempo erhöht oder die Bautätigkeit im augenblicklichen Umfang fortgesetzt wird. Die gesamte Landfläche wäre dann mit einer Schicht Beton und Asphalt bedeckt, auf der keine Fortbewegung mehr möglich ist, weil alle Fahrzeuge eingeklemmt sind.

Diese Entwicklungen können mit Sicherheit nicht so weitergehen. Ein ungebrochenes Ansteigen dieser Parameter ist nicht möglich. Sie werden mehr oder weniger sanft »abknicken«.

Dieser »Knick« wird auch in umgekehrter Richtung geschehen. So gibt es bekanntlich nur begrenzte Vorräte an fossilen Brennstoffen. Bei gleich bleibendem Verbrauch wird (je nach Berechnungsmethode) das vorhandene Erdöl noch für 35 bis 70 Jahre reichen; Erdgas wird demnach noch in 50 bis 100 Jahren zu finden sein; Steinkohle könnte es möglicherweise noch etwas länger geben. Der zurzeit vorrangig aus diesen Quellen gespeiste und sogar noch ansteigende Energieverbrauch wird sich also vollkommen umstellen und höchstwahrscheinlich einschneidend vermindern müssen.

Wenn es nicht zu einem abrupten »Knick« dieser Parame-

ter kommen soll, bedarf es einer baldigen Weichenstellung. Auf keinen Fall werden sich die beschränkten Ressourcen noch lange mit der Motivation »Gier« ungebremst und unkontrolliert ausbeuten lassen.

Bei der Anzahl der für das Leben von Menschen zur Verfügung stehenden Planeten gibt es weder einen ansteigenden noch einen absteigenden Parameter. Der Dalai Lama drückt dies folgendermaßen aus: »Unser Planet ist unser Zuhause, unser einziges Zuhause. Wo sollten wir wohl hingehen, wenn wir ihn zerstören?«[3]

Doch auch in anderen, nicht so eindeutig die Ökologie berührenden Lebensbereichen hat das Giersystem einen intensiveren und direkteren Einfluss auf das menschliche Zusammenleben, als die meisten Menschen wahrhaben wollen. Schon vom Buddha in seiner »Zweiten Wahrheit« als »zweite Ursache für Leid« beschrieben, hat die Gier nämlich eine Kehrseite, die sich mit den Worten Hass, Neid, Missgunst, Abgrenzung und Abneigung charakterisieren lässt; als noch zeitgemäßer und auf die Gesellschaft bezogen können Bezeichnungen wie Konkurrenz, Verteilungskampf, Wettbewerb, Auslese, Ausbeutung, Unterdrückung, Streit, Auseinandersetzung oder Krieg gelten.

Insbesondere treibt die Konkurrenz als eine weit verbreitete und mittlerweile übliche Verhaltensweise auf allen Ebenen Keile in die Zwischenmenschlichkeit. Mobbing und Intrigen gehören heute in vielen Berufen zum Alltag. Unzählige Familien werden durch Erbschaftsstreitigkeiten in Mitleidenschaft gezogen. Viele Ehen zerbrechen auf Grund materieller Wünsche. Der Trend, allein zu leben, hat viel mit dem Bestreben zu tun, das eigene Eigentum abzugrenzen und fremden Zugriffsmöglichkeiten zu entziehen. Der Streit um Grundstücksbesitz und dessen Nutzung spaltet viele Nachbarschaften und beschäftigt Tausende von Anwälten und Mediatorinnen. Arbeitnehmer und Arbeitnehmerinnen befinden sich oft in einem permanenten Kampf um ihren Arbeitsplatz – und zwar in erster Linie gegeneinander. Und alle versuchen, Identität durch Abgrenzung und Eigenheiten zu erlangen. Sie kämpfen um die Möglichkeit, alles »haben« zu dürfen. Sie bemühen sich um die Freiheit eines »Ego«, das es im Grunde gar nicht gibt (dazu mehr im nächsten Kapitel).

Die Menschen sind mit einem offenen und einem geschlossenen Auge in die Gier-Falle gerannt. Sie haben sich für den Kampf aller gegen alle und jede/r gegen jede/n entschieden. Um ihn unauffällig und bequem führen zu können, haben sie sich auf behaglich eingerichtete Inseln mit streng gehüteter Privatsphäre zurückgezogen und sie zu kleinen Festungen ausgebaut (»my home is my castle«). Solange der »Europfunddollar« rollt, lässt sich hier auch in der Vereinzelung ziemlich leicht ein Wohlgefühl (»don't worry – be happy«) herstellen und aufrecht erhalten.

Obwohl die Erde an allen Ecken und Enden ächzt und teilweise schon schmerzhaft »zurückschlägt«, obwohl viele Menschen insgeheim und einige offen über Einsamkeit und soziale Kälte klagen, obwohl mathematisch das bevorstehende »Knicken der Parameter« genau berechnet werden kann – trotz all dieser klaren Hinweise bestehen immer noch die meisten, vor allem auch wohlhabenden Menschen auf der Erfüllung egoistischer Wünsche, beharrt die Menschheit auf ihrem »Gier-Trip«. Dieser schizophrene Zustand kann mittlerweile nicht mehr als Unwissenheit bezeichnet, sondern muss Dummheit genannt werden. Insofern darf die Entwicklung von Achtsamkeit durchaus auch als ein bewusster Versuch gewertet werden, überall und jederzeit der Dummheit entgegenzutreten.

Um das mit Blindheit geschlagene Auge des Menschen zu öffnen, hat der Buddha eine achtgliedrige »Therapie« vorgeschlagen. Wer sich um eine konzentrierte innere Sammlung

(Pfad 8) bemüht (Pfad 6), wird achtsam (Pfad 7) mit sich und der Welt umgehen und auf diese Weise aus dem eigenen Verstehen (Pfad 1) heraus zu Absichten (Pfad 2) gelangen, die sich durch heilsames Tun (Pfad 3), Reden (Pfad 4) und Leben (Pfad 5) auszeichnen. Diese acht Pfade bilden den Hintergrund der nächsten Kapitel.

Das letzte Konstrukt

Alles ist leer, aber wach.

JACK KEROUAC

Als ich nach fast zweijährigen Reisen durch Asien Mitte der 80er-Jahre an meinem ersten Meditationskurs in Deutschland teilnahm, äußerte der Kursleiter (übrigens ein Psychotherapeut) in einem Nebensatz: »Das Ich ist nur ein Konstrukt«. Diese Bemerkung entwickelte sich für mich zu einer Art *Koan*, einer rational nicht vollständig zu erfassenden Zugangsmöglichkeit zu einer tieferen Ebene von Wahrheit und Wirklichkeit.

Schon in dem Moment, als ich diesen Satz hörte, war mir »irgendwie ganz klar«, dass diese Aussage stimmte. Gleichzeitig spürte ich aber einen inneren Widerstand. Ich konnte den Inhalt dieser Behauptung nicht so ohne Weiteres auf mich selbst und mein »Ich« beziehen; ich wollte diesen »Angriff« auf meinen »Kern« einfach nicht akzeptieren. Ich spürte eine subtile Form von Angst, »etwas« zu verlieren.

Doch welches »Etwas« sollte ich verlieren? Bis dahin hatte ich angenommen, dass ich ein einzelner Mensch mit einer individuellen Persönlichkeit bin, die – mit Vorzüge und Macken ausgestattet – im Großen und Ganzen ihren Weg gefunden hat. Und selbstverständlich nannte ich mich »Ich«.

Schon bald stellte ich fest, dass die Aussage »Das Ich ist nur ein Konstrukt« eine ganz andere Ebene berührt, denn meine

Identität, meine Individualität oder meine psychische Struktur werden keineswegs bezweifelt. Das »Konstrukt« weist auf die Gewohnheit hin, meine Psyche und mein »Ego« zu einem Bild zusammenzufassen, das mehr ist als die Summe seiner Teile, das mehr ist als dieses Wörtchen »Ich«, das viele Menschen so oft und so gern benutzen. Auf dieses »Ich« im Hintergrund, auf dieses als zusätzlich vorhanden angenommene, auf dieses künstlich erzeugte »Extra-Ich« bezieht sich das Wort »nur« in dem Satz »Das Ich ist nur ein Konstrukt«. Und ich musste mir eingestehen, dass ich mir eine solche Konstruktion erdichtet hatte.

Um das geläufige »Ich«, das in Sätzen vorkommt wie »Ich esse«, »Ich habe die Schlossstraße gekauft« oder »Ich denke, also weiß ich noch lange nichts«, um dieses im ständigen Gebrauch befindliche »Alltags-Ich« sowie um meine Fähigkeiten, fühlen, denken und vieles andere zu können – um all das brauche ich mir keine Sorgen zu machen, wenn ich die Aussage »nur ein Konstrukt« auf mich beziehe. Es geht einzig und allein um die Frage, ob es in mir etwas gibt, das ich als »Extra-Ich-Selbst« bezeichnen kann. Wenn ich »dieses Ding« bei einer bewussten kritischen Überprüfung nicht entdecken kann, dann ist es nur eine Annahme, eine Einbildung, ein Konzept ohne reale Grundlage, eben ein Konstrukt.

Die Erinnerung an die Aussage »Ich = Konstrukt« hat allmählich zu beruhigenderen Auffassungen und Vorstellungen geführt, wobei sich die Entschleunigungs- und Meditationsübungen als sehr hilfreich erweisen, denn sie verstärken meine Fähigkeit, diese tiefe Problematik immer wieder direkt anzuschauen.

Das Verwandeln der gewohnten Annahme eines »Ich-Konstruktes« in eine davon befreite Lebenshaltung ist eine komplexe subjektive Erfahrung, deren Inhalt sich nicht mitteilen, sondern allerhöchstens wecken lässt. Sie findet gewissermaßen auf einer »unsagbaren« Ebene jenseits von begrifflichen Festlegungen statt. Wenn das »Ich-Konstrukt« nicht gefunden werden kann, die Individualität und das »Ich-Gefühl« jedoch vorhanden sind, können Worte dieses Phänomen nicht richtig erfassen.

Dennoch möchte ich jetzt versuchen zu beschreiben, welche Wirkungen der Verzicht auf die Konstruktion »Ich« auf die Achtsamkeitspraxis haben kann. Um die gegenwärtige Erfahrung annehmen zu können, darf gerade dieser »Ich-Kern« nicht übergangen werden. Was nützen alle Feststellungen über Achtsamkeit, begehrendes Streben, Wettbewerbsdenken, Vereinzelung und Entschleunigung, wenn das handelnde Subjekt und Träger dieser Erfahrung, wenn also der einzelne Mensch nicht direkt ins Blickfeld genommen wird?

Außerdem liegt in der Bearbeitung dieses »Ich-Konstruktes« mit dem Ziel, es loszulassen, meines Erachtens der Schlüssel für zwei große Chancen. Zunächst scheint es ohne eine solche Annahme wesentlich leichter zu sein, ein von existenzieller Angst freies und gleichzeitig spirituell erfülltes Leben zu führen. Außerdem kann sich durch das Vermeiden eines abgrenzenden »Ich-Konzeptes« eine überzeugende und äußerst motivierende Begründung für einen liebevollen und achtsamen Umgang mit dem gesamten Universum herleiten lassen.

Überlegen Sie bitte einmal, was alles zu Ihrer Entstehung als menschliches Wesen beigetragen hat. Denken Sie an Ihren Vater und Ihre Mutter, an die Eizelle und die Chromosomen, an die Nabelschnur und die Muttermilch, die Erziehung im Kindergarten und in der Schule, das Spielzeug und was sonst noch alles dazugehört.

Und heute? Was hält Sie am Leben? Vor allen Dingen Wasser – auch Sie bestehen zu 70% aus dieser Substanz. Hinzu kommen Eiweiße und Phosphate, Muskeln und Knochen, Nerven und Zellen. Was wären Sie ohne Sauerstoff, Nahrung und die Wärme der Sonne? Ohne soziale Kontakte, Arbeit und Liebe? Ohne Wahrnehmung, Sprache und Geschichte? Ohne Musik und Schönheit? Ohne Raum und Zeit? Ohne Himmel und Erde? Ohne Licht und Sterne?

Haben Sie das Gefühl, dass sich alle Eigenschaften des Universums in Ihnen vereinigen, dass der gesamte Kosmos nötig war und ist, um Sie entstehen zu lassen und zu erhalten?

Der grundlegende Unterschied zwischen den Vorstellungen vom »Ich« und einer »Ichlosigkeit« lässt sich anschaulich mit Hilfe von zwei kleinen Skizzen zeigen, wobei der große Kreis jeweils die »ganze Welt«, also das Universum darstellen soll.

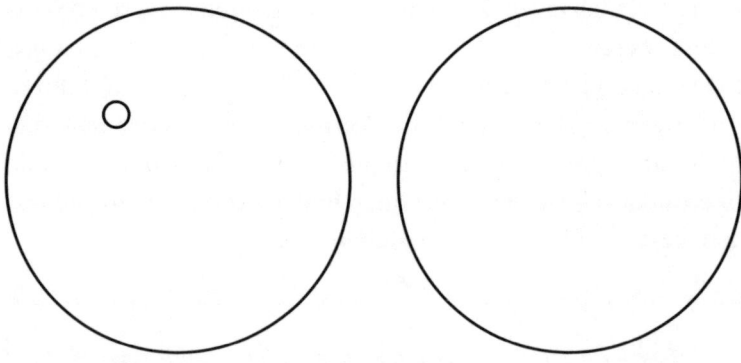

Im linken Kreis »schwimmt« ein Individuum in diesem Universum. Durch die Annahme eines »Ich« hat es jedoch eine künstliche Grenze zwischen sich und der Welt geschaffen; es hat sich sozusagen eingeigelt und abgesondert. Dieser Mensch glaubt, tief in sich drin ein »Extra« zu besitzen, eine von der übrigen normalen Welt separierte, also von ihr geschiedene »Besonderheit«, die ihn gewissermaßen abtrennt nach dem Motto: »Hier bin ich, und dort draußen, außerhalb von mir, da ist der Rest der Welt«.

Im rechten Kreis hat sich dieser Mensch gewissermaßen als ein nicht abgrenzbarer Bestandteil in diesem Universum »aufgelöst«, indem er sich kein »Extra-Ich-Selbst« zugelegt hat. Dieser »aufgelöste« Mensch ohne »Extra-Ich-Selbst« hat dabei keineswegs seine Individualität oder gar seine Persönlichkeit verloren. Genau wie das Individuum im linken Bild zeichnet er sich durch eine Psyche und durch die Fähigkeit der Selbst-Wahrnehmung aus. Auch er erlebt die Welt in seiner ganz persönlichen Subjektivität.

Dieses »Extra« wird oft mit der Vorstellung einer »Seele« gleichgesetzt, die auf diese Weise zu einem festen Ausgangspunkt vieler esoterischer und auch religiöser Lehren wird. Gerade weil ich jedoch eine solche Annahme vermeiden möchte, und weil der Begriff »Seele« zu sehr vielen Missverständnissen führen kann, werde ich ihn in diesem Zusammenhang nicht verwenden. Wer dieses »Extra« als eine Hilfskonstruktion des menschlichen Geistes durchschauen möchte, findet viele inspirierende Beispiele. Besonders eindrucksvoll ist dabei die Betonung des wechselseitigen Durchdrungenseins beziehungsweise des vollständigen Abhängig- und Bedingtseins aller Phänomene von allen anderen und gleichzeitig ihre permanente Bewegung, die Unbeständigkeit und Wandel bedeutet. Besonders gut lässt sich dieser Zusammenhang an einem Atemzug verdeutlichen. Er scheint ein isoliertes Ereignis zu sein, aber bei genauerer Betrachtung zeigt sich, dass er mit unendlich vielen anderen Gegebenheiten verbunden ist: mit der Luft, den Lungen, den Muskeln des Zwerchfells, den Lungenbläschen, den Blutkörperchen, die den Sauerstoff transportieren, und vor allem auch mit dem Raum, in dem sich diese Organe befinden. Im Grunde ist sowohl die Umwelt als auch mein ganzer Körper an diesem Atemzug beteiligt, und sobald ich ihn wahrnehme, auch mein Geist.

Eine Zen-Geschichte verdeutlicht die untrennbare Verbundenheit des Geistes mit allen Ereignissen und Eigenschaften der

Wirklichkeit: Der legendäre buddhistische Mönch Bodhi-dharma und sein Schüler Hui-k'o unterhalten sich miteinander: »Mein Geist hat keinen Frieden«, sagt Hui-k'o. »Bitte schenkt meinem Geist Frieden.« – »Nimm deinen Geist und bring ihn her zu mir«, erwiderte Bodhidharma, »und ich will ihm Frieden schenken!« – »Aber wenn ich meinen Geist suche«, sagte Hui-k'o, »kann ich ihn nicht finden.« – »Da!«, unterbrach Bodhid-harma, »ich habe deinem Geist Frieden geschenkt!«.[1]

Noch eine kleine Fantasiereise gefällig? Vielleicht sitzen Sie auf dem Balkon, im Garten oder am Strand. Schauen Sie zum Him-mel und stellen Sie sich vor, ein Wassermolekül in einer Wolke zu sein. Sie verbinden sich mit vielen anderen Molekülen zu einem Tropfen und fallen als Regen zur Erde. Kurz bevor Sie auftref-fen, verwandeln Sie sich in eine Schneeflocke. Im Frühjahr schmelzen Sie und gelangen in einen Bach, einen Fluss, einen See. Sie werden vom Wasserwerk aufgesaugt und landen schließlich in einem Glas Tee, das ein junger Mann trinkt. Sie gelangen all-mählich in seine Blutbahn und werden in seinem Körper gespei-chert. Als der junge Mann am Abend eine kleine Tour mit seinem Fahrrad unternimmt, beginnt er zu schwitzen. Sie dringen in einem Schweißtropfen bis zur Hautoberfläche vor, verdunsten im Fahrtwind und steigen zum Himmel empor, um wieder Teil einer Wolke zu werden.

Wenn Sie mögen, können Sie sich Ihre nächste Reise selbst erträumen.

Das Konzept eines Ich-Konstrukts verkompliziert alle wichtigen Kernprobleme wie Angst, Tod, Leiden, Leben, Sinn, Achtsam-keit und Integrität. Ständig muss ich befürchten, etwas zu verlie-ren, was nicht auffindbar und deshalb auch nicht fassbar ist.

Angesichts meines unausweichlich irgendwann eintretenden Todes ergibt sich beispielsweise die Frage, wo dieses »Extra« denn danach bleibt. Und wenn ich zu ahnen beginne, dass dieses »Ich« nur in der Einbildung existiert, kann es passieren, dass ich Angst vor allen Informationen und Erkenntnissen bekomme, die mir dieses »Ding« wegzunehmen versuchen. Um weiterhin an mein »Konstrukt« glauben zu können, muss ich in diesem Fall also die mich absondernden »Schutzmauern« erhöhen.

All diese Schwierigkeiten und Ängste verschwinden aber mit dem »Verlust« des »Ich-Konstruktes«. Stattdessen werden die Vorteile sichtbar. Selbstverständlich kann ich auch mit der Annahme eines »Ichs« der Auffassung sein, dass ich mit der Welt verbunden und von ihr abhängig bin, aber ohne ein »abgetrenntes Ich« bin ich endlich vollständig und ganz Teil des Universums. Nun findet mein Geist keinen Grund mehr, mich von der Welt abzutrennen oder zu isolieren. Ich bin sozusagen vollständig zu Hause angekommen. Da ist nicht mehr »irgendwas«, was ich »vor der Tür« zurücklasse, was ich nicht mit einbringe, was ich bei mir behalte. Ohne »mich« ist plötzlich alles viel einfacher, übersichtlicher und angenehmer geworden. Zwischen »mir« und »allem« gibt es keine letzte Grenze mehr, und da ist nichts mehr, was durch meinen Tod verloren gehen könnte. Im Gegenteil: Durch das restlose vollständige Durchdrungensein von Mensch und Welt in Raum und Zeit hat sich gewissermaßen eine Art »Unsterblichkeit« ergeben.

Dieses Verwobensein lässt sich auch etwas plastischer beschreiben, denn der Mensch, genauer, der Geist des Menschen, befindet sich in einer ambivalenten Position. Auf der einen Seite stilisiert er pausenlos die eigene Persönlichkeit und deren Individualität, was sich in einem Ergreifen-, Festhalten- und Beherrschenwollen aller möglichen Dinge und Phänomene ausdrückt. Dies kann zu einer Aufblähung des »Ichs« führen, was eine »Ich-Grandiosität« hervorrufen und sich in äußerst selbstbezogenen und egozentrischen Lebenshaltungen ausdrücken kann. Diese Einstellung zeigt sich nicht nur bei Diktatoren und rücksichtslosen Chefs und Managerinnen, sondern auch bei der Anwendung psychischer oder sogar physischer Gewalt im Alltagsleben (Mobbing, Vergewaltigung, Prügelstrafe und vieler weiterer Delikte). Selbst Menschen, die vorgeben, achtsam zu sein, geraten manchmal in dieses Fahrwasser, wenn sie sich wie »Besserwisser« verhalten und den Anspruch »Achtsamkeit« mit Vehemenz und ohne Geduld von anderen einzufordern versuchen.

Auf der anderen Seite vermeidet der gleiche Geist, sich selbst in Frage zu stellen. Stattdessen verlangt er von seinem »Träger«, sich ständig in Form von Arbeit (»Schaffe, aber tu' was!«) und Ablenkung (»Bloß nicht zur Ruhe kommen und nachdenken!«) zu beschäftigen. Der Geist will sich permanent agieren sehen, will etwas erleben, will Einfluss nehmen und sich zerstreuen. Diese Haltung wird durch das zeitgenössische Überangebot an Zeitvertreib- und Konsummöglichkeiten eher noch verstärkt.

Dieser Widerspruch lässt sich zurückführen auf die Vorstellung, die sich der einzelne Mensch von seiner Stellung im Universum macht. In der Regel sieht sich das Individuum zwar als Teil der Welt, aber gleichzeitig als etwas Besonderes und irgendwie Andersartiges. Diese Vorstellung wird genährt durch den Eindruck, diese Welt pausenlos aus einem ganz individuellen subjektiven Blickwinkel betrachten zu müssen, der als »ständiger Mittelpunkt« erlebt wird.

Unter diesen Bedingungen ist es natürlich nicht einfach, auf die Vorstellung zu verzichten, ein Individuum mit einem letztlich frei schwebenden Wesenskern zu sein. Das Loslassen dieser Annahme wird als Totalverlust angesehen, der fälschlicherweise mit dem Verschwinden als Individuum und als Einzelwesen, manchmal sogar mit der Auslöschung als Wesen überhaupt gleichgesetzt wird. Dementsprechend ist diese Erfahrung oftmals angstbesetzt; sie anzunehmen erfordert nicht nur Ruhe und Gelassenheit, sondern auch den Wunsch, sich ihr bewusst zu stellen.

Das »Ich-Konzept« hat aber noch eine weitere fatale Auswirkung. Die Vorstellung, als winziges und letztlich abgetrenntes Einzelwesen in einem unendlich riesigen Universums zu existieren, führt leicht zu einer Selbsterhöhung, die im schlimmsten Fall bis zu dem Wunsch anwächst, sich »die Erde untertan« machen zu wollen oder es sogar zu können. Ohne ein solches »Ich-Konstrukt« habe ich aber weder »etwas« zu verlieren noch bin ich hilflos. Da ich nun ohne Einschränkungen mit allem verknüpft und von allem durchdrungen bin, kann ich mich ohne Rest und vorbehaltlos mitten drin fühlen im »Großen Ganzen«, im Kosmos, im Geflecht der Naturgesetze und ihren Wirkungen und Erscheinungen.

Auf der physikalischen Ebene bedeutet »Ichlosigkeit«, dass der Mensch niemals vom Universum getrennt ist. Er ist gewissermaßen »restlos drin«. Gleichzeitig ist das Universum vollständig in jedem Menschen vorhanden. Ein Mensch ist zwar nicht die ganze Welt, aber alle Gesetzmäßigkeiten der Welt durchdringen ihn und drücken sich in ihm aus.

Auf die spirituelle Ebene bezogen lässt sich sagen: Im Menschen nimmt sich das Leben selbst wahr. Die dem Universum innewohnende Fähigkeit, Gefühle, Wahrnehmungen, Geistesregungen und Bewusstsein bilden zu können, manifestiert und beweist sich durch die Existenz jedes einzelnen Menschen. Diese Eigenschaften setzen sich zu einem Wesen mit einem Geist zusammen, der sich selbst betrachten und sich »ich« nennen kann (und sogar in der Lage ist, sich darüber hinaus ein »Extra-Ich-Selbst« anzudichten und sich auf diese Weise künstlich vom Kosmos abzutrennen).

Auf der sozialen und psychologischen Ebene lassen sich viele Erscheinungen in den heutigen westlichen Gesellschaften von einer Hoch- und Überbewertung des »Ich« erklären. Gieriges Streben auf der einen, Abgrenzung und Rückzug auf der anderen Seite sind auch als Reaktionen des Individuums auf die gigantischen Möglichkeiten zu sehen, die die rasanten technologischen, gesellschaftlichen und moralisch-ethischen Veränderungen der Neuzeit mit sich gebracht haben. Der Wunsch, in diesem Prozess nicht verloren zu gehen, fördert die Abkapselung und die Erhöhung des Stellenwertes, die der individuellen Existenz gegeben wird.

Auf der ökologischen Ebene ergibt sich durch das Verschwinden einer Grenzziehung zwischen einem »Extra-Ich-Selbst« und der umgebenden Welt ein vollständiges Ankommen in dieser Welt. Jedes Individuum kann sich als Teil der Umwelt verstehen und die Umwelt als Teil von sich selbst. Auf diese Weise wandelt sich die Umwelt zur »Mitwelt«. Ein solches Verständnis kann bis zur Einsicht führen, dass ich die in den Wald geschleuderte Alubüchse in Wirklichkeit mir selbst an den Kopf werfe.

Stellen Sie sich vor, Sie liegen auf einer Wiese. Sie spüren, wie Ihr Gewicht für einen intensiven Kontakt Ihres Rückens mit dem Boden sorgt. Die Grashalme pieksen in die Haut Ihrer Unterarme. Sie riechen die Blüten der Feldblumen und stellen sich deren Wurzeln vor, die der Erde Wasser und Nährstoffe entnehmen. Sie denken an die Regenwürmer, die sich unter Ihnen tummeln. Jetzt läuft eine Ameise über Ihre Hand, und Sie wissen, dass diese Hand für die Ameise keine Hand, sondern nur ein Teil der Landschaft ist.

Sie schließen die Augen und erinnern sich an die Erkenntnis, wonach sich die Gene einer Ameise und eines Menschen nur unwesentlich unterscheiden. Sie erinnern sich an die Sternexplosionen vor über fünf Milliarden Jahren, die die Substanzen schufen, aus denen sowohl Sie als auch die Ameise bestehen. Sie spüren, dass Sie

> *durch Luft, Erde, Wasser und Wärme sowie durch Raum und*
> *Zeit über Geburt und Tod hinaus mit dieser Ameise verbunden*
> *sind.*

Das Wissen um das unbedingte Durchdrungensein von und mit der Welt sowie die gefühlsmäßige Erfahrung des vollständigen Zuhauseseins auf der Erde können als zentrale Grundlagen für die Motivation angesehen werden, Achtsamkeit weit über die eigenen Körpergrenzen hinaus auszudehnen und einen von Zusammengehörigkeit und Mitgefühl geprägten Umgang mit den Mitmenschen und der Umwelt zu pflegen.

ÜBUNG

Sitz-Meditation – dieser eine Atemzug

Auf den ersten Blick wirkt »Sitzen« wie das leichteste aller meditativen Verfahren, wer aber mit dem Üben begonnen hat, wird oft eines Besseren belehrt. Schnell erlernbar sieht die äußere Haltung aus, da sie lediglich aus dem Zur-Ruhe-Kommen aller Bewegungen zu bestehen scheint, doch innerlich ebenfalls Ruhe herzustellen ist für viele Menschen eine große Herausforderung.[2]

Die Sitz-Meditation ist nicht nur die konsequenteste Art, den Körper zu entschleunigen, sondern auch der intensivste Versuch, den eigenen Geist selbst in den Fokus der Betrachtung zu rücken. Entschleunigungsübungen wie Taijiquan, bewegtes Qigong, Yoga und das achtsame Gehen bieten dem Geist durch die äußeren Bewegungen willkommene Betätigungsfelder; auch bei der Metta-Meditation (geleitet und an der Entwicklung von Mitge-

133

fühl orientiert) und dem stillen Qigong erhält er Nahrung, mit der er sich beschäftigen kann.

Dennoch bieten auch die meisten Sitz-Meditations-arten gerade den Beginnenden einige Objekte an, auf die sich die Aufmerksamkeit richten kann. Neben Musik, Kerzen, Blumen und Bildern ist es hauptsächlich der Atem, der sich für diese konzentrierte Betrachtung sehr gut eignet. Die eigene Atmung ist schließlich jederzeit vorhanden und in ständiger Bewegung. Ihr zu folgen und nach gedanklichen Ablenkungen immer wieder zu ihr zurückkehren zu können ist wie eine Einladung, zu sich »nach Hause« zu kommen. Auf diese Art fungiert die eigene Atmung als eine Art Bindeglied zwischen Körper und Geist. Sitz-Meditation kann allein oder in Gruppen, mit oder ohne Anleitung geübt werden. Ein sich regelmäßig treffender Meditationskreis wird sich auf ein paar eigene Richtlinien einigen. Die folgende kleine Einführung geht davon aus, dass Sie allein für sich zu Hause meditieren möchten.

Im Grunde ist eine Gestaltung der äußeren Rahmenbedingungen nicht notwendig, aber eine gewisse Form kann motivierend sein. Sie sollten beispielsweise nicht »irgendwo« sitzen oder jedes mal den Platz wechseln. Passen Sie meine Vorschläge deshalb bitte Ihren Möglichkeiten und Wünschen an.

Sie sollten sich einen Platz suchen, der ständig für diesen Zweck zur Verfügung steht beziehungsweise leicht hergerichtet werden kann. Sinnvoll ist eine Fläche von mindestens ein Meter mal ein Meter Größe direkt vor einer Wand, die bis auf eine Höhe von 150 cm nicht mit Bildern versehen sein sollte. Vielleicht gibt es in Ihrer Wohnung sogar einen kleinen Raum, den Sie Ihren Vorstellungen entsprechend gestalten können. Meine Empfehlung: so schlicht wie möglich – zumindest in dem Bereich, in dem Sie sitzen werden.

Das A und O bei der Sitz-Meditation ist der Rücken. Um ihn in eine aufgerichtete und stabile Lage zu bringen, die über längere Zeit eingehalten werden kann, gibt es verschiedene Möglichkeiten. Die häufigste Methode ist das Sitzen auf einem runden Kissen, einem Zafu, das auf einer Decke oder einer Sitzmatte liegt.

Die optimale, gleichzeitig aber auch die schwierigste Sitzhaltung ist der »Lotussitz«, bei dem die Füße auf dem jeweils anderen Oberschenkel liegen und beide Knie den Boden fest berühren. Etwas leichter einzunehmen ist der »halbe Lotussitz«; hier liegt ein Fuß auf dem Oberschenkel, der andere auf dem Boden. Beim »Viertellotus« liegt der Fuß auf dem Unterschenkel; beim »burmesischen Sitz« bleiben beide Füße und die Unterschenkel auf dem Boden.

Wenn die Knie bei den genannten Sitzhaltungen den Boden nicht berühren (deshalb rate ich vom Schneidersitz ab) oder sich ein gekrümmter Rücken ergibt, empfiehlt sich das Sitzen auf einer Meditationsbank oder einem – meist trapezförmigen – Kissen. Diese Sitzposition (eigentlich ist es mehr ein Knien) ist in den westlichen Ländern sehr verbreitet. Legen Sie sich eine weiche Decke oder ein Zafuton unter die Unterschenkel.

Wenn Ihnen die angebotenen Positionen nicht zusagen, können Sie sich – ohne anzulehnen – auf einen Stuhl oder besser auf einen Hocker setzen, dessen Höhe sich aus der Länge Ihrer Unterschenkel ergibt, denn die Oberschenkel sollten horizontal sein. Sie können sich eine Decke unter die Füße legen.

Dann klopf ich Dir

Wer sich für Meditation interessiert, möchte es in der Regel auch in einer Gruppe lernen und üben und sucht deshalb nach geeigneten Möglichkeiten. Mitte der 80er-Jahre gab es in Deutschland erst relativ wenige Zentren mit einem entsprechenden Angebot. So landete ich unter anderem auch in christlich orientierten Häusern.

Eines davon lag in Bayern in einem schönen Tal am Rande eines kleinen Städtchens. Im Garten des Klosters befand sich eine Meditationshalle. Ich gewöhnte mich nur schwer daran, dass dort ein großes Kreuz mit einer darauf festgenagelten Figur hing, die nicht danach aussah, als ob sie meditierte.

Die Einführungswoche wurde von einem sehr netten Pater geleitet, der täglich einen kleinen Vortrag hielt. Als am Ende der dritten Ansprache die Diskussion begann, nahm ich all meinen Mut zusammen und fragte: »Warum hängt der Gekreuzigte im Meditationsraum?«

Der Pater lächelte mich an und sammelte weitere Fragen.

Später begann er eine Geschichte zu erzählen. Sie handelte von einer Frau, die schon oft gekommen war. Eines Tages hatte sie dem Pater offenbart, dass während der Meditation dauernd Bilder in ihr hochsteigen und sie in ihrer Konzentration stören würden.

»Was für Bilder?«, hatte der Pater gefragt.

»Ach, es ist der Herr Jesus, der mir vor Augen kommt.«

»Das ist Makyo, das sind täuschende Erscheinungen, Phänomene, Halluzinationen. Denen darfst Du keine Beachtung schenken.«

Doch am nächsten Tag kam die Frau erneut zum Pater und beklagte sich, dass ihr der Herr Jesus wieder erschienen sei.

»Was soll ich nur tun?«, fragte sie.

»Dann musst du wohl ein wenig direkter werden«, so emp-
fahl ihr der Pater. »Wenn er das nächste Mal in deinem Geist
aufsteigt, dann sag ihm: ›Lieber Herr Jesus, wenn du noch ein-
mal während meiner Meditation auftauchst und mich nervst,
dann klopf ich dir aufs Maul!‹«

Ende der Geschichte. In meine Richtung blickend fügte der
Pater hinzu: »Diese Frau ist während der Meditation nie
wieder vom Herrn Jesus heimgesucht worden.«

Als ich am nächsten Morgen den Meditationsraum betrat,
nahm ich keinen Gekreuzigten mehr wahr.

Bei allen Sitzpositionen sollten Sie vor dem Beginn der
Meditation ein paar mal den Rücken durchstrecken. Vielleicht wollen Sie sich auch einige Male vorbeugen, bis die
Brust fast das linke beziehungsweise das rechte Knie berührt. Diese Dehnungen helfen, die Sitzhöckerchen ein
wenig nach hinten zu führen und ein gekipptes Becken
oder Kreuzbein zu verhindern beziehungsweise zu vermindern.

Die Schultern sollten locker hängen; zu Beginn empfiehlt es sich, sie bei vorgestreckter Brust ein wenig nach
hinten zu ziehen. Der Kopf ist erhoben; die Nackenkrümmung kann durch ein minimales Einziehen des Kinns ein
wenig verringert werden. Die Hände liegen im Schoß oder
sind vor dem Unterleib so zusammengelegt, dass der linke
Handrücken in der rechten Innenhand liegt. Im Optimal-
fall bilden die übereinander liegenden Zeigefinger und die
nach oben gebogenen, sich an den Spitzen ganz leicht
berührenden Daumen ein Oval.

Wenn Sie meiner Empfehlung folgen, haben Sie den

Zafuton ungefähr 40 cm vor die Wand gelegt und sitzen mit dem Gesicht zu ihr. Die Augen sind halb geschlossen oder leicht geöffnet; Ihr Blick richtet sich möglichst ruhig auf den Boden, ohne eine bestimmte Stelle zu fixieren (wenn Sie auf einem Stuhl sitzen, wird Ihr Blick ungefähr auf Kniehöhe die Wand treffen). Der Mund ist entspannt geschlossen.

Die Atmung ist ruhig und gleichmäßig; sie braucht weder vertieft noch verlangsamt zu werden. Atmen Sie ganz natürlich ein und aus. Fortgeschrittene werden in Bezug auf die Atembeobachtung auf Grund eigener Erfahrungen und Empfehlungen bei ihrem selbst entwickelten Konzept bleiben. Für Beginnende hier ein paar Tipps. Sie können den Atem an verschiedenen Stellen wahrnehmen, zum Beispiel an den Nasenflügeln, an der Brust oder am Zwerchfell. Sie sollten die Atmung jeweils beim Ausatmen still zählen, um Ihrem Geist eine kleine Beschäftigung anzubieten. In der Regel fördert das Zählen die Konzentration und vermindert die Ablenkung durch Gedanken. Falls doch einmal welche auftauchen – und kaum etwas ist bei einer Meditation sicherer als eben dieses –, dann haben Sie mit dem Atemzählen immer ein Feld, auf das Sie Ihre Aufmerksamkeit lenken können. Zählen Sie bis zehn und fangen Sie dann wieder bei eins an.

Sie werden sich jetzt fragen, wann, wie oft und wie lange Sie meditieren sollten. Meine Antwort: Das werden Sie schon selbst herausfinden. Zwingen Sie sich zu keinen Leistungen. Wenn Sie weniger als 10 Minuten zur Verfügung haben, sollten Sie sich überlegen, ob Sie nicht lieber eine Bewegungsmeditation (Taijiquan, Yoga, Qigong) lernen und üben. Beliebt sind 15 – 25 Minuten stilles Sitzen beziehungsweise Sitzen in Stille; wenn möglich täglich oder so oft es geht und Sie sich wohl dabei fühlen.

Günstig ist ein regelmäßiger Zeitpunkt, der bei den meisten Menschen morgens (bitte bevor Sie etwas essen; ein kleiner Schluck Tee, Saft, Wasser oder Kaffee ist erlaubt) oder abends sein wird. Manchen gefällt auch der »Drehpunkt« des Tages, zum Beispiel nach der Arbeit und vor der Freizeit.

Als angenehm empfunden wird meistens ein erkennbarer Beginn und ein klares Ende der Meditationszeit. Dazu können Sie sich einen Meditationswecker (mit Blinklicht oder leisem Piepton) und eine Klangschale besorgen. Bei mir beginnt die Sitz-Meditation mit drei, sie endet mit zwei Tönen. Selbst ein kleines Ritual kann dazugehören. So verbeuge ich mich – mit zusammengelegten Händen – vor meinem Platz, bevor ich mich setze. Nach dem Ende bedanke ich mich bei mir selbst mit einer Verbeugung, und nach dem Aufstehen bedanke ich mich nochmals bei meinem Platz. Räucherstäbchen mag ich nicht so gern, aber eine Buddha-Figur steht immer in der Nähe. Insgesamt gilt wie immer: Tun Sie, was Ihrem Gefühl entspricht. Nicht der Rahmen, sondern das Sitzen ist wichtig.

Selbstverständlich ist es möglich, sich unverzüglich nach Herrichtung des Platzes hinzusetzen und mit der Meditation zu beginnen, doch auch viele Fortgeschrittene haben sich ein regelmäßiges Rahmenprogramm zusammengestellt. Dieses kann aus einer Taiji-Sequenz, Yoga-Übungen oder einer Qigong-Folge bestehen. Ich möchte Ihnen nun vier kleine Übungen vorstellen, die Ihnen bei der Beobachtung des Atems helfen können. Ich habe sie in Plum Village, der Lebensgemeinschaft von Thich Nhat Hanh, kennen gelernt.

Übung 1. Sie stehen und heben einatmend langsam die Arme, ausatmend lassen Sie sie sinken. Der Atem folgt dieser Bewegung möglichst spontan, also ungeführt. Beobachten Sie den »Beginn-Punkt« des Einatmens und den »Beginn-Punkt« des Ausatmens besonders genau.

Übung 2. Legen Sie eine Hand auf die Brust, die andere Hand auf den Bauch. Spüren Sie die Bauchdecke beim Atmen. Sie beobachten einfach nur Ihre Atmung.

Übung 3. Legen Sie eine Hand auf den Bauch. Beim Einatmen heben Sie die andere Hand leicht an; beim Ausatmen lassen Sie sie wieder sinken. Folgen Sie Ihrer Atmung bewusst.

Übung 4. Legen Sie eine Hand auf den Bauch. Beim Einatmen heben Sie einen Finger; beim Ausatmen senken Sie ihn wieder. Beim nächsten Atemzug heben Sie den nächsten Finger usw. Statt nur zu zählen haben Sie »noch etwas zu tun«.

Wenn eine Beruhigung eingetreten ist, setzen Sie sich zur »echten« Meditation hin. Wer sich unruhig fühlt, lenkt die Achtsamkeit auf den Bauch. Wer sich müde fühlt, konzentriert sich auf die Nasenflügel.

Überall ist Mittelpunkt

Als Banzan über einen Markt ging, hörte er eine Unterhaltung
zwischen einem Metzger und seinem Kunden mit an.
»Gib mir das beste Stück Fleisch, das du hast«, sagte der Kunde.
»Jedes Stück Fleisch in meinem Laden ist das beste«, erwiderte
der Metzger. »Du kannst hier nicht ein einziges Stück Fleisch
finden, das nicht das beste ist.«
Bei diesen Worten wurde Banzan erleuchtet.[1]

Ein Computer kann ohne Kabel und Strom, ohne Schaltkreise und Metalle, ohne Kunststoffe und weitere technische Hilfsmittel nicht gebaut werden. Viele Menschen haben ihre Ideen einbringen müssen, damit er entwickelt und konstruiert wurde. Selbstverständlich nimmt er Raum ein und braucht Zeit, selbst wenn er eine Rechenoperation in einer Nanosekunde erledigt. Und wenn ihn niemand benötigt, ihn nicht anschaltet und seine Tastatur nicht bedient, steht er nur unbenutzt herum und kann seine Funktion nicht erfüllen. Es bedarf also einiger Voraussetzungen, bevor der Computer arbeiten kann. Wenn nur ein einziges Teil fehlt – beispielsweise die Elektronen oder die Festplatte –, dann ist er kein Computer mehr. Erst wenn alle Eigenschaften des Universums sich zu einem Gegenstand zusammensetzen, den die Menschen mit dem Wort »Computer« bezeichnen, kann dieses Ding »zur Welt kommen«. Selbstständig, einfach so aus sich heraus und unabhängig existieren kann diese Maschine nicht.

Dennoch stellt dieser Computer für sich einen Mittelpunkt des Kosmos dar. Er nimmt seinen Platz ein, bis er entsorgt und in seine Bestandteile zerlegt wird, wobei er sich in andere Dinge verwandelt, zum Beispiel Rauch, Kupfer und Elektroschrott. So ergeht es jedem Tisch, jedem Buch, jedem Baum, jedem Fisch, jedem Berg, jedem Kontinent, jedem Planeten und jedem Stern, aber auch jedem Atom und jedem Wassertropfen. Alle diese Dinge sind zu einer unabhängigen Existenz nicht in der Lage und deshalb von allem durchdrungen. Gleichzeitig sind alle diese Dinge im gewissen Sinne jeweils Mittelpunkte des Universums.

Diesen Platz haben sie auszufüllen. Ein Computer beispielsweise oder auch ein Tier kommen mit dieser Aufgabe mühelos zurecht. Sie sind, was sie sind. Sie erledigen ihren »Job«, und zwar immer unter Ausschöpfung des ihnen zur Verfügung stehenden Rahmens, unter Ausnutzung aller in ihnen vorhandenen Eigenschaften auf bestmögliche Art und Weise.

Ein Mensch ist jedoch anders. Er ist fähig, einen »schlechten Job« zu machen und beispielsweise unachtsam zu sein. Der Körper eines Menschen mit seinen Wahrnehmungen, Empfindungen und Geistesregungen ist zwar auch ständig ein Mittelpunkt des Universums. Sein Bewusstsein ist jedoch in der Lage, diesen Zustand zum Ausgangspunkt einer Sichtweise zu machen, die »ich-zentriert« ist und die Wirklichkeit »verdinglicht«. Der Mensch nähert sich der Realität nämlich auch mit seinem Geist an. Er sieht sie permanent in ihrem Bezug zu sich selbst. Alles wird mit Namen und Wertigkeiten versehen und kommentiert. In seinem Kopf entsteht nicht die Welt, wie sie ist, sondern die Bedeutung, die er ihr gibt. Die Dinge werden im gewissen Sinne vom Geist »gemacht«. Ihnen wird ein Etikett aufgeklebt; sie werden zu Objekten und sind damit – zumindest in den Augen der Menschen – nicht mehr das, was sie wirklich sind.

Bitte holen Sie sich eine Banane und setzen Sie sich damit an einen ruhigen Platz. Schauen Sie sich die Banane genau an. Sie ist wahrscheinlich krumm, gelb, hat eine schwarze Spitze und vielleicht schon ein paar braune Stellen. Sie hat einen langen Weg hinter sich. Sie hat die Wärme der Tropen eingefangen und einen Großteil ihres Lebens auf dem Meer im kühlen Laderaum eines Dampfers verbracht. Durch wie viele Hände mag diese Banane schon gegangen sein, bevor Sie zu Ihnen kam? Wissen Sie, wie viel Lohn der Arbeiter dafür bekam, der die Bananenpflanze pflegte, die Staude abschnitt und zum Transporter trug? Kennen Sie seine Wohnverhältnisse? Seine Familie? Versuchen Sie, an ihn zu denken, wenn Sie die Banane essen.

Dem einzelnen Menschen fällt es dementsprechend schwer, seinen persönlichen Mittelpunkt auf bestmögliche Weise auszufüllen, denn sein Gehirn ermöglicht ihm die Einbildung, sein Geist könne auch woanders sein, könne sich ein eigenes »wahres« Bild von der Welt machen und enthalte möglicherweise sogar »ein unabhängiges Etwas«, das bei der Geburt entstanden ist und im Tode wieder verloren geht.

Oftmals gibt er sich sogar der Illusion hin, er könne Macht über die Welt bekommen, indem er sie neu interpretiert, ändert oder gar zu beherrschen versucht. Diesen abgehobenen, flatterhaften Geist wieder »nach Hause«, auf den Boden, zur Erde, zur Mitte zurückzubringen und ihn ruhig, friedlich und achtsam werden zu lassen, das ist Sinn und Zweck der Meditation.

Die Welt ist ununterbrochen in Bewegung. Im Geist des Menschen scheint sich jedoch nicht nur die Welt, sondern auch deren Bedeutung permanent zu ändern. Die über die Sinne wahrgenommene unruhige Welt trifft auf ständig wechselnde Empfindungen und Geistesregungen und darüber hinaus auf ein

Bewusstsein, das sich ebenfalls pausenlos bewegt. Wirklich fass- oder gar festhaltbar ist nichts davon.

Dieses Phänomen erlebt jeder und jede. Jeder Tag enthält ein Wechselbad der Gefühle und Gedanken. Die Unlust beim Auf- stehen weicht dem Genuss der selbst gemachten Marmelade beim Frühstück; der Ungeduld im Verkehrsstau folgt der Stress im Job; beim Mittagessen muss vielleicht eine traurige Nachricht mitver- daut werden und abends gilt die Freude, der Ärger und das Lachen dem Partner oder der Partnerin. Viele Emotionen belasten oft über Wochen, und manche geistigen Gewohnheiten wie Vor- urteile oder Wertungen werden ein Leben lang mitgeschleppt und beeinflussen die Grundstimmung. Für Kinder ist ein vollständiges Umschalten leichter. Von »himmelhochjauchzend« bis »zu Tode betrübt« vergehen manchmal nur Sekunden – voll- kommen gegensätzliche Stimmungen innerhalb weniger Augen- blicke.

Wer diese ständige Veränderung der Gefühle nicht wirklich akzeptieren, sondern nur hinnehmen und erleiden kann, ist oft die ganze Zeit mit dem vergeblichen Versuch beschäftigt, die uner- wünschten Emotionen zu unterdrücken oder gar zu leugnen und sich an die angenehmen zu klammern. Dabei entsteht gleichzei- tig ein unvollständiges und schiefes Bild von der Realität.

Diese Schräglage und mit ihr das Wirrwarr der Gefühle be- wusst anzunehmen und achtsam damit umzugehen ist eine schwierige, manchmal mühselige und auch schmerzhafte Arbeit, die aber gleichzeitig eine ungeheure Chance in sich birgt. Durch diese Herangehensweise entsteht nämlich eine Perspektive, die sich mit dem Satz veranschaulichen lässt: »Wenn ich mich ändere, dann ändert sich die ganze Welt«. Diese Einstellung benötigt allerdings drei grundlegende Einsichten.

1. Die Wirklichkeit ist von pausenloser Unbeständigkeit gekennzeichnet. Von Augenblick zu Augenblick, von Gedanke zu Gedanke, von Wort zu Wort, von Gefühl zu Gefühl ändert sich

ständig alles. Dies gilt ebenso für den kosmischen Bereich (die Sonne verwandelt in jeder Sekunde rund 4,8 Millionen Tonnen Wasserstoff in Helium, aber irgendwann wird sie verlöschen) wie für die Welt der Atome: Es ist unmöglich, die Position eines Elektrons zu bestimmen, weil es sich zu schnell bewegt und dauernd seinen Korpuskelzustand zugunsten dem einer Welle wandelt und umgekehrt.

2. Die Vorstellung, als Mensch ein unabhängiges und eigenständiges Wesen mit einem möglicherweise sogar unveränderlichen und unabhängigen Kern (»Selbst«) zu sein, ist eine Illusion und lediglich Ursache von Isolation, Leid und Entfremdung. Der Mensch ist nicht von der Welt getrennt, sondern immer und überall vollständig in das lebendige Dasein integriert.

3. Jeder Mensch ist fähig, die Punkte 1. und 2. zu durchschauen und sich frei von Angst und Unwissen in dieser Welt zu Hause zu »fühlen«. Diese Eigenschaft als Träumerei oder Utopie anzusehen gehört im Grunde noch zum »falschen Denken«. Die Fähigkeit, achtsam zu sein und sich ganz und wach im Leben heimisch zu fühlen, wohnt jedem Menschen inne, wird aber oft unter riesigen Bergen aus Fehlleitung, Selbsterniedrigung, Ablenkung, Ärger, Begehren und Festhalten verschüttet.

Wer diese drei Gegebenheiten erkennt und in sich wachsen lässt, bringt seinen Geist in Einklang mit den wesentlichen Merkmalen des Daseins. Auf der Basis von Wandel und Integriertsein kann mit Ruhe und Gelassenheit jederzeit und allerorts im Strom des Lebens mitgeschwommen werden.

Weil aber der Mensch in der Lage ist, mit Hilfe seines flatterhaften Geistes »neben sich zu stehen« und einen »schlechten Job« zu machen, entwickeln sich die Konsequenzen dieser Einsichten nicht von selbst. Um hier den Weg der Achtsamkeit leichter zu finden, bieten viele Weisheitslehren, Philosophien und Religionen wertvolle Anregungen, denn sie alle bemühen sich – wenn auch auf unterschiedliche Art und Weise – um den Auf- und

Ausbau von Eigenschaften wie Verstehen, Mitgefühl, Freude, Wohlwollen und Liebe zum Leben. Einige Kurzformeln verdeutlichen diese Grundhaltung. Erdweit verbreitet ist die Maxime »Was du nicht willst, das man dir tu, das füg auch keinem anderen zu.« Die Indianer Nordamerikas wünschen sich: »Alle wollen gut sein, keiner besser.« Und nicht nur Buddhistinnen und Buddhisten rezitieren häufig den Satz: »Mögen alle Wesen glücklich und frei von Leid sein.«

Je mehr Liebe ein Mensch in die Welt schickt, desto mehr Liebe gibt es in dieser Welt (insbesondere in seiner Nähe). Je mehr Hass er lebt, desto mehr Hass existiert (natürlich ebenfalls in seiner Nähe). Je mehr er sich abtrennt, desto mehr Einsamkeit wird es geben. Je mehr er sich gegen die Realität wehrt, desto mehr wird ihm die Realität zusetzen.

Muschelfingerrillen

Die Insel Koh Samui liegt im Golf von Thailand. Als ich sie vor 20 Jahren besuchte, gab es an den »Traumstränden« noch Muscheln. Hier ein Auszug aus meinem Reisetagebuch.

Ich hatte mich in das warme Wasser begeben, um auf den Knien hockend aus nächster Nähe den Wellenkronen beim Überkippen zuzusehen und in den dabei entstehenden Gischtlawinen immer deutlicher viele kleine Hände zu entdecken, die mit sprudelschaumigen Fingern die stetig steiler werdenden Wellenhänge herabhasteten, um gleitend das Tal zu erreichen, sich mit dem flüssigen Talboden zu vermischen und sich darin aufzulösen.

Plötzlich wurde meine Aufmerksamkeit von einer kleinen Muschel abgelenkt, die sich direkt neben meinem rechten Knie mit einigen pumpenden Bewegungen im Sandboden eingraben wollte. Blitzschnell griff ich zu. Eine rund zwei Zentimeter lange, annähernd ovale, geschlossene Muschel lag im Teller meiner linken Hand. Überwiegend weiß war sie, mit zarten braunen Streifen. Die Oberfläche war strukturiert durch kleine Rillen, die ich ohne besseres Wissen als »Tagesrillen« bezeichnete, ähnlich den Jahresringen eines Baumstammes. Um die Rillenstruktur der Minimuschel besser wahrnehmen zu können, hob ich sie näher an meine Augen. Dabei hatte ich meine Handinnenflächen zusammengelegt, so dass das kleine Wesen auf den Spitzen meiner beiden Zeigefinger lag und sich an die etwas längeren Kuppen meiner Mittelfinger anlehnen konnte. Während ich eingehend die feine Maserung auf der Muscheloberfläche begutachtete, entwickelten sich in mir zwei zusätzliche Wahrnehmungen.

Einerseits bemerkte ich, dass sich die Muschelrillen in meinen Fingerspitzen fortsetzten beziehungsweise meine Fingerhautrillen (»prints«) ihre Fortsetzung auf der Schalenoberfläche der Muschel fanden. Ich konnte hier eine sichtbare Verbindung zwischen dem Meeresgeschöpf und mir herstellen, eine eindeutige Oberflächen- und Hautverwandtschaft konstatieren, mich in einem direkten Wesenszusammenhang mit der Muschel fühlen.

Andererseits wurde mir die Haltung bewusst, die ich einnahm. Ich kniete im flachen Wasser im Sand, hatte meinen Rumpf und den Kopf aufgerichtet, hielt die zusammengelegten Hände direkt vor mein Gesicht und betrachtete sie mit leicht gesenktem Blick. Ein unglaubliches Assoziationsgewitter durchraste mein Hirn mit Worten wie ›Merkwürdig, doll, Freude, Demut, Glück, Natur, Verbundenheit, Dankbarkeit und vieles Weitere‹.

Wer diesen Prozess durch Innehalten und genaues Hinschauen selbst erkennt, hat sich einer neuen Aufgabe zu widmen, nämlich diese Einsichten im Leben umzusetzen. Solange sie bloße Einbildungen bleiben, sind sie weder achtsam noch heilsam, sondern lediglich zusätzliche Gedanken, die – wenn sie sich mit Dingen verbinden – das Empfinden von Leid und Abwehr erhöhen können. Sie machen dann trauriger und verzagter, weil nun der Unterschied zwischen dem eigenen Anspruch und dem tatsächlichen Tun noch deutlicher geworden ist. Obwohl davon auszugehen ist, dass viele Menschen diesen Unterschied sehen, können sie sich oft nicht dazu bewegen, Konsequenzen aus ihren Einsichten zu ziehen und mit heilsamen Handlungen zu beginnen. Es ist zu fragen, warum das so ist.

An dem weit verbreiteten Mythos, wonach einer oder eine allein nichts ändern kann, sollte es eigentlich nicht liegen. Da die Gesellschaft aus vielen verschiedenen Einzelpersonen besteht, ist jedes Individuum wichtig und notwendig. Oder anders ausgedrückt: »Es gibt keine anderen. Wir sind die einzigen, eine Gesellschaft von Individuen, die individuelle und kollektive Entscheidungen trifft. Gesetzgeber, Konzerne und Konsumenten bestehen alle aus Menschen, die ihre Ansichten ändern können; unabhängig davon, was sie gestern taten.«[1]

In einem in diesem Sinne konsequenteren Leben entfällt die Möglichkeit, die unheilsamen Aspekte weiterhin zu verdrängen. In der Angst, die ganze Wahrheit über sich und den Zustand der Welt zu erfahren, liegt möglicherweise ein Hauptgrund für das Zögern so vieler Menschen, tatsächlich achtsamer zu werden. Deshalb darf die Anzahl der notwendigen Veränderungen, um ein achtsames Leben zu führen, nicht unterschätzt werden. Das fängt bei der Mülltrennung und veränderten Trink-, Ess- und Reisegewohnheiten an und hört mit einem weltweiten Rückgang der Geburtenzahlen und der Vermeidung einer die zukünftigen Generationen extrem belastenden Altersvorsorge noch nicht auf.

Allerdings lassen sich auch viele konstruktive Ziele beschreiben, selbst wenn sie auf den ersten Blick gleichermaßen selbstverständlich wie utopisch klingen. Wenn sich beispielsweise durch Entschleunigung und weniger Stress und Hektik eine höhere Wertschätzung des Müßiggangs ergibt, so wird dies für alle Menschen und auch für die Erde heilsam sein, selbst wenn es beispielsweise zunächst sehr lustig aussehen wird, wenn die Leute in New York im gleichen Tempo durch die Häuserschluchten schlendern wie die Einheimischen in einem griechischen Dorf (angeblich gehen die New Yorkerinnen heutzutage im Durchschnitt doppelt so schnell wie die Griechen).

In den vergangenen Jahrzehnten haben sich die Menschen in einigen Erdregionen Verhaltensweisen angewöhnt, die bei genauerer Betrachtung als extrem unachtsam eingeschätzt werden müssen. Es ist kaum zu begreifen, wie viele Autos und Waschmaschinen ständig unbenutzt herumstehen, wie viel Zweit- und Drittwohnungen bis zu 11 Monate im Jahr unbewohnt bleiben, wie viel Energie durch den Standby-Modus zahlloser elektrischer Geräte verschwendet wird und wie viele neuwertige Möbel- und Kleidungsstücke auf der Müllkippe landen. Völlig unbegreiflich müsste es ihnen jedoch scheinen, wie unterschiedlich der Umgang mit Dingen ist: Sind sie Privateigentum, werden sie in der Regel gehegt, gepflegt und manchmal sogar gehätschelt; sind sie im Besitz der Gesellschaft, dann werden sie schnell ramponiert; stehen sie allen zur Verfügung wie die Natur, dann sind sie oft ohne Schutz der Ausbeutung und Zerstörung ausgesetzt. In all diesen Bereichen könnte die Entwicklung eines achtsamen Umgangs zu großen Veränderungen führen.

Auch die Verhältnisse am Arbeitsplatz haben sich in den vergangenen 50 Jahren überwiegend in Richtung Vereinzelung bei gleichzeitig zurückgehender Identifikation entwickelt – vom zunehmenden Stress der Arbeitsplatzbesitzenden bei gleichzeitiger

Diskriminierung der Arbeitslosen ganz abgesehen. Wenn nicht mehr vorrangig aus Geldgründen gearbeitet wird und die Arbeit statt eines »Jobs« eher als Teil der persönlichen Entwicklung und Erfüllung erlebt werden kann, wird sich das mit Sicherheit nicht nur auf die Kreativität am Arbeitsplatz, sondern auch auf das Freizeit- und Konsumverhalten und damit auf das Zusammenleben der Menschen fruchtbringend auswirken. Weniger Arbeitsteilung, aber eine bessere Arbeitsverteilung und mehr Verantwortung werden sicherlich nicht nachteilig für die Arbeitsresultate sein. Dies wird in einigen Großbetrieben (zum Beispiel bei Volvo und Volkswagen) schon probiert, auch wenn die Motivation eher in der Produktivitätssteigerung und weniger in der Förderung eines achtsamen Arbeitsklimas liegen dürfte.

Durch eine höhere Bewertung und erweiterte Anwendung der »Emotionalen Intelligenz« könnte in allen gesellschaftlichen Bereichen eine ganz neue Art von »Hierarchie« entstehen. Wenn Anerkennung und Aufstieg nicht mehr vorrangig durch »Leistung« und »Effizienz«, sondern durch Kriterien wie Integrationsfähigkeit, Offenheit, Herzensgüte oder Toleranz erfolgen, sind zumindest günstigere Rahmenbedingungen für einen von Achtsamkeit, inneren Frieden und Mitgefühl geprägten Umgang miteinander vorhanden.

Auf der Basis der gegenwärtig zur Verfügung stehenden Technologien kann erwartet werden, dass die zurückgehende Motorisierung auf Grund der bevorstehenden Erschöpfung der fossilen Energievorräte diese Tendenzen sogar unterstützt. So könnte es beispielsweise immer selbstverständlicher werden, Motorenkraft nur noch gezielt einzusetzen, künstlich erwärmte Räume gemeinsam zu nutzen und insbesondere auch die Wasservorräte möglichst verlustfrei zu verteilen.

Inwieweit diese Entwicklung genutzt werden kann, um auch die vielen Ungleichheiten und Ungerechtigkeiten (zum Beispiel zwischen Arm und Reich, Männern und Frauen, arbeitenden und nicht arbeitenden Menschen) abzubauen, könnte einer gewählten »Erdregierung« anvertraut werden, die sich sicherlich gern auf die Unterstützung vieler Menschen verlassen möchte, welche sich um einen achtsamen Umgang miteinander und mit der Erde bemühen.

Entscheidend ist aber das konkrete Handeln vor Ort. Das eigene Wohlgefühl und mit ihm die Kraft für liebevolles Agieren im Alltag ergibt sich nicht so sehr aus einer ständigen Orientierung an Zielvorstellungen und Vorgaben, sondern durch ein möglichst vollständiges und vorbehaltloses Eintauchen und Mitfließen in den momentanen persönlichen und gesellschaftlichen Gegebenheiten, was eine aktive Mitgestaltung selbstverständlich einschließt. Auf diese Weise kann auch die große Menge Geisteskraft, die bislang verbraucht wird, um die ungewünschten und unangenehmen Seiten des Daseins wegzublenden, für eine »bewusste gelassene Annahme der gegenwärtigen Erfahrungen« zur Verfügung stehen.

Der jederzeit mögliche Zugriff auf die ständig vorhandenen angenehmen Bereiche des Lebens ist für die Steigerung der Motivation, ein achtsameres Leben zu führen, sicherlich das bewährteste Mittel. Ein kleiner Gang durch den Garten oder in den nächsten Stadtpark, die Betrachtung der prächtigen Blüte einer Pfingstrose, der Geschmack einer frischen Erdbeere oder die Umarmung eines geliebten Menschen können ausreichen, um Kraft für die Beschäftigung mit aktuellen leidhaften Aspekten zu finden. Empfehlenswert sind auch bewusst herbeigeführte Phasen der Besinnung und der Freude. Ein Sonnenaufgang über dem Meer, ein Gespräch mit dem besten Freund, die Erinnerung an ein wunderschönes Erlebnis und selbstverständlich eine meditative Übung können immer wieder dafür sorgen, die Schönheit und den Sinn des Lebens unmittelbar zu spüren.

Wem diese Empfehlung zu einseitig ist und zu sehr nach »positivem Denken« riecht, sollte sich den auf den ersten Blick unscheinbaren, selbstverständlichen Gegebenheiten der Existenz zuwenden. Bei genauerer Betrachtung ist es nämlich ein faszinierendes Wunder, wenn die eigenen Lungen perfekt funktionieren, die Gelenke beim Radfahren frei von Schmerzen sind und sich die Welt mit gesunden Augen betrachten lässt. Spätestens ein kurzer Rückzug in einen »Schonraum«, um sich zu entschleunigen und zu beruhigen, kann zeigen, dass jeder und jede überall und jederzeit der »Mittelpunkt des Lebens« ist, und das Leben ständig darauf wartet, gefunden, gespürt und wertgeschätzt zu werden.

Wer sich vor einem bewussten Umgang mit dem Leben selbst nicht scheut, wird allmählich mit einer Art »Grundvertrauen« belohnt – auch in die permanente Unbeständigkeit. Gerade durch dieses Phänomen definiert sich nämlich das Leben. Ohne die Möglichkeit der Veränderung würde kein Kind zu einem Erwachsenen und keine Idee zu einem Buch werden, und ein Gefühl der Angst könnte niemals in eine Empfindung von Freude und Mut übergehen.

Für die Betrachtung, Durchdringung und mögliche Transformierung von Geisteszuständen wie Ärger, Wut, Neid und Hass ist es allerdings wichtig, sich angemessene und fördernde Bedingungen zu schaffen. Ein zu früher Zeitpunkt kann sich ebenso als kontraproduktiv erweisen wie ein zu langes Hinausschieben. Den Höhepunkt eines Wutausbruchs für ein klärendes Gespräch mit dem Ehemann zu nutzen ist denkbar ungeeignet. Genauso ist es ziemlich unergiebig, Eifersucht erst dann zu thematisieren, wenn die Beziehung bereits beendet ist.

Sollten bei der Verwirklichung eines achtsameren Lebens individuelle oder gesellschaftlich bedingte Probleme auftauchen, so besteht die Möglichkeit, sich beraten und helfen zu lassen. Im persönlichen Bereich können zahllose therapeutische Angebote sowie Selbsthilfegruppen in Anspruch genommen werden. Auf gesellschaftlicher Ebene sind an fast allen Orten Gleichgesinnte zu finden, die sich den schädlichen Aspekten der »industriellen Wachstumsgesellschaft«, der »Gier-Wirtschaft«, stellen und auf unterschiedliche Weise an einer konstruktiven Veränderung arbeiten. Erinnert sei an die Aktivitäten der bereits erwähnten »Lokalen Agenda 21«, die globalisierungskritische Organisation ATTAC sowie zahlreiche kleinere und größere ökologische, spirituelle, religiöse, politische und im sozialen Bereich tätige Gemeinschaften und Verbände. Von ihnen sind einige durchaus bemüht, Privates und Öffentliches nicht grundsätzlich zu trennen, sondern bewusst zu verbinden.

Vor diesem Hintergrund sollte es jedem und jeder möglich sein, Negatives anzuschauen und allmählich bewusst in den Lebensalltag einzubauen anstatt zu versuchen, es auszublenden und zu unterdrücken. Sicherlich sollten dabei die eigenen Umstände und Fähigkeiten realistisch eingeschätzt werden. Wer hofft, in einer zerrütteten Familie durch die Entwicklung von Achtsamkeit von heute auf morgen alle entstehenden Gefühle mit Gleichmut betrachten und integrieren zu können, wird scheitern. Und wer glaubt, bei einem Umstieg vom Auto aufs Fahrrad »die Welt retten zu können«, wird ebenfalls bald enttäuscht sein – vor allem dann, wenn dieser Schritt als Verzicht empfunden wird.

Vergessen werden sollten jedoch auf keinen Fall zwei Erfahrungen, die wohl alle Menschen gemacht haben. Selbst im Zustand der tiefsten Enttäuschung und Trauer und während der heftigsten Wut und dem schlimmsten Ärger gehen die Fähigkeiten zur Entwicklung von Verständnis, Freude, Zuneigung und Mitgefühl nicht vollständig und für immer verloren, denn: »Kein Loch ist ewig.« Wenn alles in Bewegung ist und sich ändert, dann gilt dies auch für unangenehme Emotionen. Um sich das Vorhandensein der angenehmen Gefühle zu vergegenwärtigen, kann manchmal auch eine Erinnerung an die Zeit hilfreich sein, *bevor* der negative Geisteszustand entstanden ist. Es besteht deshalb mehr als nur Hoffnung, dass sich die freudvollen Seiten des Daseins wieder zeigen.

Es sind also jederzeit alle Grundlagen vorhanden, um Ängste und Ärger in fruchtbares Handeln zu transformieren. So lässt sich beispielsweise die Befürchtung, etwas zu verlieren oder etwas weniger Geld zu verdienen, durch die Praxis der Großzügigkeit leicht vermindern. Wer regelmäßig an Bedürftige spendet, spürt in der Regel gerade durch dieses Loslassenkönnen eine höhere Wertschätzung des eigenen Besitzes, selbst wenn dieser nicht als »üppig« bezeichnet werden kann. Wer sich ein paar mal beim Warten vor einer roten Ampel bewusst dem eigenen Atem zugewandt oder diese Zeit für eine intensive Betrachtung der gegenwärtigen Situation – dem eigenen Inneren wie der Außenwelt – genutzt hat, wird diese Pause bald als eine willkommene Bereicherung des Tagesablaufs erleben können.

Bei einer einigermaßen systematischen Bearbeitung wird sogar eine so große Angst wie die vor dem Ende einer Liebesbeziehung ihren Schrecken verlieren, wenn durch eine ruhige Betrachtung immer wieder bewusst gemacht werden kann, dass sich die wirklich konstruktive Energie für die Entwicklung dieser Beziehung nicht aus der Angst vor dem Verlust, sondern aus Zuneigung, Hingabe, Mitfreude, Hilfe, Vertrauen, Wachstum und Liebe speist. Sollte sich jedoch herausstellen, dass dies nicht der Fall ist, dann sollten Konsequenzen folgen.

Kaum ein anderes technisches Gerät übt eine größere Anziehungskraft auf den menschlichen Geist aus wie der Computer. Alles soll möglichst noch ein paar Nanosekunden schneller gehen. Um diese Energie von Eile und Sprunghaftigkeit zu vermindern, sind bewusste Eingriffe (so genannte »Formatierungen«) nötig. Hier ein paar kleine und halbwegs schräge Tipps:

• Basteln Sie sich einen langsam wandernden Bildschirmschoner

mit dem Text »Hallo …! Entschleunige Dich!« (Natürlich sollte hier Ihr eigener Name erscheinen.)

• Erarbeiten Sie eine Verzögerung bei jedem Öffnen einer neuen Datei, möglicherweise mit dem Hinweis: »Jetzt ist es wieder so weit – fünf Sekunden Pause – nur für Dich!«

• Lassen Sie vor oder nach dem Abschicken einer E-Mail automatisch Sätze erscheinen wie »Na, wie wär's mit einer Tasse Tee?« oder »Zeit für ein Lächeln!«

Zwei Gedankengänge, die für mich sehr entscheidend geworden sind, möchte ich abschließend zitieren: »Das Grauenhafte am *zazen* (und es ist grausam, glauben Sie mir)«, so schreibt die Leiterin des San Diego Zen-Centers Charlotte Joko Beck und meint damit die regelmäßige und intensive Meditation im Sitzen, »ist, dass wir allmählich sehen, was sich in unserem Kopf wirklich abspielt. Es ist für uns alle ein Schock. Wir sehen, dass wir gewalttätig, von Vorurteilen geprägt und egozentrisch sind. Wir sind es, weil ein konditioniertes Leben, das auf falschem Denken beruht, dazu führt. Die Menschen sind im Grunde gut, freundlich, mitfühlend, aber man muss schon lange graben, um diesen verborgenen Schatz zutage zu fördern … Doch wenn wir die Unwirklichkeit der überlagernden Struktur erkennen, neigen wir dazu, Gutes zu tun. Wenn es keine Trennung mehr zwischen uns selbst und anderen gibt, tun wir ganz von selbst Gutes. Unserer Natur entspricht es im Grunde, Gutes zu tun. Wenn wir nicht durch egozentrische Gedanken des Neides, der Wut und der Unwissenheit von den anderen getrennt sind, werden wir Gutes tun. Wir müssen uns nicht einmal dazu zwingen. Es ist unser natürlicher Zustand«.[2]

Und der Philosoph Hans Jonas hat in seinem Buch »Dem bösen Ende näher« auf Folgendes hingewiesen: »Wir sollten eines nie aus den Augen lassen: dass der Mensch das überra-

schendste aller Wesen ist. Wir dürfen nicht von vorneherein aus-
schließen, dass sich auch Einstellungen ändern, dass es sich einfach nicht mehr schickt, so weiterzuleben, wie die Menschen des
20. Jahrhunderts drauflosgelebt haben«.[3]

Im Wandel wandern

Kräfte lassen sich nicht mitteilen,
sondern nur wecken.

GEORG BÜCHNER

Nur in der Gegenwart kann es zu Entdeckungen durch Achtsamkeit kommen. Viele dieser Entdeckungen sind wundervoll: das Leben an sich, die Würde des Menschen, die Schönheit der Natur, die Wonne der Liebe und vieles Wunderbare mehr. Gleichzeitig lassen sich aber die unangenehmen Seiten des Daseins und des eigenen Wesens nun nicht mehr leugnen. Die Welt ist voller Schrecken und die Menschen sind von Ärger und Missgunst, von Wut und Unwissenheit durchdrungen. Und über all dem thront die Sehnsucht, etwas festhalten zu wollen, obwohl alles unbeständig ist.

Die Wirklichkeit und damit auch die Gegenwart sind an sich ganz »neutral«. Sie sind, wie sie sind. Raum und Zeit folgen dem Ablauf ihrer Gesetzmäßigkeiten. Für den Raum spielt es keine Rolle, wo etwas geschieht. Und die Zeit »weiß« ganz einfach, wann die Bedingungen ausreichend sind, dass »jetzt« etwas passiert. Erst der menschliche Geist gibt dieser Wirklichkeit permanent Bedeutungen. Auf diese Weise kann die Gegenwart überall und ständig im Wechsel »schrecklich« und »supertoll« erscheinen.

Insbesondere an den leidvoll empfundenen Eigenschaften

möchten viele Menschen gerne irgendwie vorbeischleichen. Dafür sind sie sogar bereit, sich mehr oder weniger bewusst ein schiefes Bild von der Welt zu machen. Sie versuchen beispielsweise, Tod und Vergänglichkeit aus ihrem Leben zu verdrängen und viel zu bunt ausgemalte Ziele zu erreichen, die oftmals gar nicht ihre eigenen sind. Sie finden unachtsame Verhaltensweisen gerne bei anderen und selten bei sich selbst. Darüber hinaus geben sie ihrem Leben eine eng gefasste Ordnung, »indem sie es schematisieren, in ihren Rollen bleiben, feste Verhaltensweisen gelernt haben, nichts in Frage stellen und bis an die Zähne verteidigen, was sie sich als Gewohnheitspanzer zugelegt haben und an Environment«.[1]

Außerdem ist das Selbstbild der Fremdwahrnehmung oft diametral entgegengesetzt. So gilt ein Mann, der sich für großzügig hält, für andere oft als Geizkragen. Eine erfolgreich und selbstbewusst scheinende Frau kann im Grunde vollkommen unglücklich sein. Ein sich freizügig gebendes Mädchen verbirgt auf diese Weise vielleicht nur ihre engen moralischen Vorstellungen. Ein alter Muffelkopf hat möglicherweise ein gutes Herz. In einem hilfsbereiten und lustigen Jüngling kann ein Vulkan von Missgunst und Aggression schlummern. Viele Menschen halten sich nicht für »gierig«, obwohl sie ihr Geld von der Bank zum Höchstzinssatz vermehren lassen, sich ständig nach einem neuen Auto, einer größeren Wohnung und aufregenderen Hobbys sehnen und um jeden Europfunddollar kämpfen, den das Finanzamt von ihnen fordert.

Wer mit der Praxis der Achtsamkeit beginnt, wird bald mit den eigenen Widersprüchen konfrontiert. Da die meisten Menschen ihre unangenehmen Eigenschaften in der Regel stärker verdrängt haben als ihre vermeintlich angenehmen, geraten die negativen Aspekte, die »Dellen«, zunächst schneller, öfter und intensiver in den Mittelpunkt der Betrachtung.

Bei einigen Menschen führt diese Entdeckung zu einem

umgehenden Stopp ihrer Achtsamkeitspraxis und zum Versuch, den alten Zustand wiederherzustellen, weil es sich in den gewohnten Bahnen leichter lebt. Blauäugig wird dieses Verhalten erst durch die Fiktion, der gegenwärtige Zustand ließe sich ewig konservieren. Da das Leben sich ständig wandelt, wird unweigerlich irgendwann der Zeitpunkt kommen, wo der Status Quo zusammenbricht. Wenn dies spät geschieht, kann dieser Bruch als eine sehr »bittere Wahrheit« und oft als »Strafe« empfunden werden.

Wer die Achtsamkeitspraxis zu einem Bestandteil seines Lebens macht, wird im Laufe der Zeit den Unterschied zwischen dem eigenen Wunsch und der Wirklichkeit und vor allem sein inkonsequentes Verhalten genau zu beobachten lernen. Dabei wird sich über kurz oder lang die Erkenntnis einstellen, dass eine andauernde achtsame Betrachtung dazu zwingt, diese Differenz auszugleichen, mindestens aber zu verkleinern. Das »neue Wissen« und die »neuen Ansichten« fordern allmählich dazu heraus, in den Alltag umgesetzt zu werden.

Da Achtsamkeit – wie das Leben selbst – eine individuelle Erfahrung ist, wird sich dieses Handeln selbstverständlich an den jeweils vorhandenen Gegebenheiten orientieren, die so unterschiedlich sind, dass es nur in einem persönlichen Kontakt möglich ist, ganz konkrete Hilfestellungen zu leisten. Wer in sich »Dellen« entdeckt, die sogar psychisch zu schaffen machen, sollte sich nicht scheuen, professionelle Hilfe in Anspruch zu nehmen. Es besteht jedenfalls kein Grund, sich deswegen minderwertig zu fühlen oder sich sogar zu schämen. Im Gegenteil: Erst wenn die eigenen unachtsamen und unheilsamen Gewohnheiten erkannt sind, besteht überhaupt erst die Chance, sie umzuwandeln.

Mit der Meditation, mit Entschleunigung und genauem Hinschauen sind Methoden vorhanden, auf dezente und selbstbestimmte Weise an sich zu arbeiten und sich zu entwickeln. Da sich das Leben durch Wandel definiert, sind ständig Entscheidungen nötig. Wer achtsam durch Raum und Zeit wandern möchte, besitzt mit dem Kompass »Achtsamkeit« ein wertvolles Instrument für die Anwendung dieser Methoden im normalen Leben.

Dieses Vorgehen könnte dann wie folgt veranschaulicht werden: die »Dellen« in sich selbst entdecken und überwinden; ganz und wach werden; sich und andere vorurteilsfrei annehmen; Mitgefühl entwickeln und ausleben; den inneren Frieden in sich finden und bewahren; sich als Teil dieses Planeten fühlen; sich ohne Scheu engagieren und sich keine angebliche Politikverdrossenheit einreden lassen.

Im Grunde wäre Achtsamkeit keine schwierige Angelegenheit, wenn sie in einer Gesellschaft geschehen könnte, die sich diesem Ziel und dieser Lebenshaltung ausdrücklich verpflichtet fühlt. Davon kann in der heutigen Zeit jedoch nicht die Rede sein. Diesem Umstand lässt sich gut mit einem Leitspruch der »Anonymen Alkoholiker« entgegentreten: »Gott gebe mir die Gelassenheit, Dinge hinzunehmen, die ich nicht ändern kann; die Kraft, Dinge zu ändern, die ich ändern kann; und die Weisheit, das eine vom anderen zu unterscheiden.«[2]

Trockene Alkoholiker können sowieso als gute Beispiele für Menschen gelten, die ein Leben führen, das zumindest einen Anlass für Achtsamkeit enthält: Auf Grund ihrer Krankheit müssen sie nämlich ganz bewusst »immer das erste Glas stehen lassen«. Zu dieser Haltung sind sie ihr Leben lang von morgens bis abends gezwungen, denn einerseits »giert« ihre Sucht ständig nach einem Schluck Alkohol, andererseits würde der erste Tropfen dieses Giftes einen Rückfall einleiten, der jahrelange Heilungsbemühungen zunichte macht. Das viel zitierte »erste Glas« funktioniert also wie eine »Glocke der Achtsamkeit«.

Wenn es gelingt, den eigenen Alltag achtsamer zu gestalten, dann entwickelt sich die »bewusste gelassene Annahme der gegenwärtigen Erfahrung« zu einer aufrichtigen Präsenz, die ein von Gleichmut geprägtes und von einem vollständigen Heimischsein motiviertes waches und heilsames lebendiges Handeln ermöglicht.

In Ihrem Alltag wird es sicherlich Zeiträume und Orte geben, die Sie für Verhaltensweisen nutzen können, bei denen Sie nicht beobachtet werden wollen.

Möglicherweise müssen Sie an Ihrem Arbeitsplatz gelegentlich den Standort wechseln und dabei einen einsamen Flur oder sogar eine abgelegene Treppe benutzen. Zeit für Sie, für einen kurzen Stopp, für ein paar achtsame Schritte. Es kommt dabei weder auf Dauer noch auf Perfektion an. Wichtig ist nur das »überhaupt«, nämlich dass Sie sich überhaupt ein paar mal am Tag ein kurzes Anhalten gönnen, um wahrzunehmen, was Sie momentan zu tun haben; um zu spüren, wie es Ihnen gerade geht; um zu wissen, dass Sie da sind.

Vielleicht stellen Sie in Ihrer Wohnung eine alte Stubenuhr auf, die jede Stunde oder öfter schlägt (es muss ja nicht eine Kuckucks-Uhr sein) und sie auffordert, einige bewusste Atemzüge zu genießen.

Achtsamkeit ist ausbaufähig und geht wie von selbst über Neutralität hinaus. Sie nimmt die gegenwärtigen Erfahrungen zwar bewusst und gelassen an, kann jedoch ein Festhalten am bisherigen Handeln nicht zulassen, wenn sich dieses als unachtsam oder gar unheilsam herausgestellt hat. Wenn Achtsamkeit zu einem Bestandteil des Lebensweges wird, gerät sie in den Fluss und damit in den Wandel der Zeit. In diesem Wandel wird sie zu einer Art Energie, die Einfluss nimmt. Da sie eine zutiefst humane und dem Wesen des Menschen angemessene Kraft ist, wird dieser Einfluss von dem Wunsch nach Glück und Freude, nach Harmonie und Selbstverwirklichung, nach Befreiung und Frieden bestimmt. Spätestens durch die Einsicht in den Zusammenhang von innerem und äußeren Frieden werden die gesellschaftlichen Rahmenbedingungen in den Fokus der Betrachtung und des Handelns geraten.

Die Entdeckung, selbst nicht ganz so zu sein wie man oder frau eigentlich sein möchte, ist ein Ergebnis, das mit ein wenig Motivation und Disziplin mit Hilfe der Achtsamkeit auf konstruktive Weise bearbeitet und bei einem sanften Umgang mit den eigenen Fehlversuchen in der Regel zufrieden stellend gelöst werden kann. Etwas anders sieht es mit den permanenten Bestrebungen des gesellschaftlichen Umfeldes aus, die Menschen in Richtung »Gier« und Konkurrenz zu drängen und sie durch das ständige Einhämmern eines an Äußerlichkeiten orientierten Wertesystems fehlzuleiten.

Wer diesen Zielen und Gewohnheiten folgt, trägt unweigerlich mit dazu bei, die Ursachen für zukünftige unheilsame Wirkungen zu verstärken. Wer Achtsamkeit ernst nimmt, also die gesellschaftlichen und ökologischen Aspekte nicht ausklammert, wird dieses Phänomen aufdecken. Doch wenn diese Schau ohne Konsequenzen bleibt, kann nicht mehr von Achtsamkeit gesprochen werden, denn die Gegenwart wird dann ohne die in ihr enthaltene Zukunft gesehen, Annahme ist zu Hinnahme geworden, Gelassenheit wird mit Gleichgültigkeit verwechselt, die eigenen Erfahrungen werden nicht ernst genommen, und das Bewusstsein bleibt auf der Ebene einfacher Wahrnehmungen stecken.

Wer die von der Gier-Wirtschaft vorgegebenen Maßstäbe und Orientierungen trotz des Anspruchs, achtsam zu sein, weiterhin einfach übernimmt, läuft Gefahr, Achtsamkeit lediglich als ein Hilfsmittel für besseres Funktionieren und noch mehr Effizienz und Leistung zu benutzen und letztlich für eine verstärkte Fortführung der unheilsamen Entwicklungen zu missbrauchen. Das Training dieser Art Achtsamkeit dient dann lediglich dazu, belastbarer und »cooler« zu werden und »sein Ding« ohne Blick auf Zusammenhänge und Wirkungen noch ein wenig erfolgreicher und stressfreier »durchzuziehen«.

Diese Anwendung der Achtsamkeit wird heutzutage häufig praktiziert. Meditationskurse für Manager verhelfen diesen unter anderem zu einer geringeren psychischen Belastung bei Entlassungen, Sportlerinnen dehnen auf diese Weise ihre Leistungsgrenzen aus und viele von Überforderung und Entfremdung geplagte Angestellte stürzen sich nach einem mit meditativen Elementen angereicherten »Wellness-Wochenende« mit frischem Elan in die »Sachzwänge« ihrer beruflichen Pflichten. Das alles ist nicht verboten, aber die Überschrift »Achtsamkeit« ist dann eher vergleichbar mit der schon im Prolog erwähnten »Achtsamkeit im Straßenverkehr« und sollte besser »konzentrierte Aufmerksamkeit« genannt werden. Von einer Beteiligung des Geistes, einer spirituellen Dimension oder einer »sinnerfüllten Lebensaufgabe« kann in diesen Fällen jedenfalls nicht die Rede sein.

Wer Achtsamkeit ernst nimmt, wird sich diese Fehlleitungen immer wieder ins Gedächtnis rufen. Die »Wächter an den Sinnestoren« dürfen sich nicht einlullen lassen. Wenn dies doch geschieht, hat sich das »Ego« wieder durchgesetzt und handelt »für sich«, als ginge ihn das »große Ganze« nichts an. Das ist keine Achtsamkeit mehr, und wirklich heilsam ist dieses Verhalten auch nicht.

Diese »Crux« mit der Achtsamkeit kann auch etwas plastischer ausgedrückt werden. Achtsamkeit als Weg und Ziel ist eine Möglichkeit, die eigene Lebensaufgabe umfassend zu erfüllen. Da Achtsamkeit gleichzeitig eine Art Energie ist, kann diese Aufgabe im Laufe der Zeit immer fruchtbarer und leichter gelingen und die Lebensintensität spürbar erhöhen. In der heutigen Zeit muss die Achtsamkeit jedoch mit einer »Alarmglocke« versehen werden. Schließlich »kann die Religion des Konsumismus die tieferen Bedürfnisse der Menschen nicht wirklich erfüllen (...) Jemand, der nie das Gefühl hat, genug zu besitzen, wird das Streben und Kämpfen nie beenden können und wird auch nie echten Frieden finden«.[3]

Durch seine grundsätzliche Offenheit ist der Begriff Achtsamkeit durchaus geeignet, die schon mehrfach erwähnte »mögliche andere Welt« zu charakterisieren. Auf das Ziel einer »achtsamen Welt« hinzuarbeiten beziehungsweise sich für eine »achtsamere Gesellschaft« einzusetzen, kann eine Orientierung sein, die sich nicht so ohne Weiteres ideologisch missbrauchen lässt. Eine zutiefst menschliche Eigenschaft wie Achtsamkeit eignet sich nicht für eine Weltanschauung mit den Endsilben »ismus«. Vor die Wahl gestellt, in einer sozialistischen, kapitalistischen, religiösen, liberalen, demokratischen, ökologischen oder sogar einer buddhistischen Gesellschaft zu leben, würde ich mich mittlerweile für eine achtsame Gesellschaft entscheiden. Einerseits wird eine solche Gesellschaft alle diese Elemente enthalten und »achtsam« ausbalancieren; andererseits wäre sie meines Erachtens sehr nah an dem, was das Menschsein ausmacht, nämlich bewusst, wach und klar und gleichzeitig sanft, geschmeidig und integer zu sein. Vollkommene Harmonie, absoluter Frieden, ständige Leidfreiheit, uneingeschränktes Glück, totale Freude und lückenlose Gerechtigkeit würde ich weder erwarten noch wünschen.

Das Glaubenssystem der materiell orientierten Gier-Wirtschaft jedenfalls besitzt weder einen achtsamen noch einen weise zu nennenden Kern. Es versucht nicht, den Menschen mit seiner Herkunft und seiner Natur zu verbinden. Diese an Gewinn und anderen Äußerlichkeiten ausgerichtete Lebensweise ist grundsätzlich unheilsam, denn sie ist weder in der Lage, die innere Befreiung zu unterstützen noch einen äußeren Frieden herzustellen.

So möchte ich mich ausdrücklich dem letzten Wunsch des

1993 verstorbenen Philosophen Hans Jonas anschließen und beide Daumen drücken, dass dieses Ansinnen möglichst bald in Erfüllung geht. Jonas war der Auffassung, dass »die Philosophie eine neue Seinslehre erarbeiten muss. In der sollte die Stellung des Menschen im Kosmos und sein Verhältnis zur Natur im Zentrum der Meditation stehen. Hier Friedensstifter zu sein, wäre der künftige Utopismus, anstelle jedes politisch-sozialen in der Vergangenheit«.[4]

Diese Seinslehre sollte meines Erachtens die Grundlagen für eine Haltung bieten, um unter anderem den materiell allzu wohlhabenden Menschen auf sanfte Art zur Einsicht zu verhelfen, dass das »westliche Modell« kein Vorbild mehr für die Erde sein kann. Gerade diese »falschen Vorbilder« brauchen Unterstützung, wenn sie ihre Antriebskraft »Gier« abbauen sollen. Schließlich sollte die Verminderung des eklatanten Missverhältnisses, wonach das wohlhabende Fünftel der Menschheit rund 80 Prozent aller Ressourcen verbraucht, freiwillig geschehen.

Diese Lehre könnte auf die von sehr vielen Menschen mehr oder weniger still gehegte Hoffnung treffen, wonach das »Leben auf Erden« durchaus etwas anders aussehen und sich ein wenig angstfreier anfühlen dürfte, als es heutzutage tatsächlich der Fall ist. Auf diese Weise würde die Erkenntnis vertieft, wonach sich nur dann gesamtgesellschaftlich etwas in Bewegung setzt, wenn sich das Bewusstsein der einzelnen Menschen verändert.

Dass sich das Bewusstsein des Menschen ständig entwickelt, daran besteht kein Zweifel. In Bezug auf die Verhaltensweisen in der heutigen Zivilisation stellt sich jedoch die Frage: Warum soll ein Mensch eine »l(i)ebenswerte Zukunft« in seine Gegenwart integrieren? Lässt sich dieses wichtige Ziel nur durch Appelle und Vorschriften, durch Predigten und erhobene Zeigefinger, durch Strafandrohungen oder Lernen aus Katastrophen erreichen? Alle diese Vorgehensweisen werden das eigennützige Streben des »Ego« kaum bremsen. Im Gegenteil: Auf diese Weise sind Gefühlen wie Erniedrigung, Verzicht oder Frustration Tür und Tor geöffnet, die auf verschlungenen psychischen Pfaden in anderen Lebensfeldern meistens noch destruktiver in Erscheinung treten.

Hinzu kommt, dass diese Maßnahmen in der Regel den Weg zur eigenen Einsicht und damit zu einem von innen heraus motivierten Handeln verbauen. Wer zu einem Verständnis der Notwendigkeit eines achtsameren Umgangs mit der Mitwelt gelangen möchte, benötigt stattdessen Anregungen und Räume, um diese Erfahrungen selbst machen und integrieren zu können. Basis für die Entwicklung eines eigenständigen verantwortungsbewussten Verhaltens scheint unter anderem das Erlebnis eines unbedingten Zusammenhangs mit der Welt zu sein.

Dieses »wissende Gefühl« zu fördern sollte zu einer der zentralen Richtlinien aller Schullehrpläne und möglichst sogar der Staatsverfassungen werden. Vielleicht könnte die Abhängigkeit (und sie ist nicht einmal wechselseitig!) der Menschheit von einem auch für sie funktionsfähig bleibenden Planeten Erde das oberste Kriterium für alle Versuche sein, die in den kommenden Jahren notwendige Globalisierung des Denkens und Handelns zu sortieren, um zu verhindern, dass das »Gier-Prinzip« der bestimmende Faktor bleibt.

Wer das »Lernen durch Außendruck« vermeiden möchte, darf sich vor der Zukunft nicht fürchten. Insofern ist dem Statement des Philosophen Peter Sloterdijk grundsätzlich zuzustimmen: »So wie der Körper Abwehrkräfte gegen Vergiftungen mobilisiert, wird auch die moderne Gesellschaft die Risiken und Gefahren ihres Experiments versuchen in den Griff zu bringen. Verzweiflung, Kapitulation vor der selbst entfachten Dynamik wäre eine unvernünftige, vorschnelle Reaktion«.[5] Allerdings darf nicht weiterhin so getan werden, als wenn der Zeitpunkt, diese Abwehrkräfte zu mobilisieren, noch nicht gekommen sei.

Ob die Gesellschaftsform, von der nunmehr fast alle Menschen beherrscht und geleitet werden, nun Gier-Wirtschaft, Kapitalismus, industrielle Wachstumsgesellschaft, globaler freier Markt oder staatlich unterstützte Ideologie des Konsumismus genannt wird – dieses System wird um eine Kehrtwendung nicht herumkommen.

Wenn dieser Schwenk achtsam geschieht, kann dies dazu führen, dass das 20. Jahrhundert im Nachhinein nicht als Zeitalter der Kriege und der Verschwendungen bezeichnet wird, sondern als Glücksfall gilt. Schließlich sind in dieser Ära durch Wissenschaft und Technik, Wohlstand und soziale Fürsorge, Demokratie und Menschenrechte, Bildung und internationale Zusammenarbeit Fundamente gelegt worden, um einen von Verständnis und Freiwilligkeit, aber auch von Freude und Glück, von Spaß und Harmonie geprägten Wandel bewerkstelligen zu können.

Der Satz »Gibt es ein richtiges Leben im falschen?« wurde vor einigen Jahrzehnten manchmal mit einem zynisch gemeinten »Nein!« beantwortet. Dieser Haltung sollte nicht nur mit einem klaren »Wo denn sonst?« begegnet werden, denn sie geht von dem irrigen Ausgangspunkt eines »falschen« Lebens aus. Jedes Leben ist zunächst einmal ein »richtiges« Leben. Es kann also lediglich ein »falsches« im richtigen Leben geben. Außerdem gibt es diese Unterscheidung sowieso nur deshalb, weil Menschen in der Lage sind, einen »schlechten Job« zu machen, nämlich ein unachtsames und unheilsames Leben zu führen. Darüber hinaus ist es erst der Wandel, der Leben ermöglicht, denn Leben ist niemals statisch und damit niemals ausschließlich gut oder nur schlecht beziehungsweise nur richtig oder nur falsch.

Individuell bewegt sich das Leben auf einem Weg, der viel zu kurz ist, um auf dem Totenbett zur Erkenntnis zu kommen, dass das letzte Hemd keine Taschen hat, und man es versäumt hat, den eigenen Geist zu befreien.

Zum Abschluss möchte ich Ihnen nun die einfachste und oft wirk-
samste Entschleunigungsübung vorstellen, die ich kenne. Sie ent-
hält nämlich die Grundhaltung, die Sie zum Leben im Allgemei-
nen und Ihrem Leben im Besonderen einnehmen sollten. Sie
benötigt keine Vorbereitungszeit, keinen besonderen Ort und im
Grunde auch keine entsprechende Stimmung (manchmal ist sie
bei einer Abweichung vom tatsächlichen Gemütszustand sogar
besonders heilsam).

Also: Wo Sie auch sind, was Sie auch machen, wie Sie sich
auch fühlen; ob Sie gerade sitzen, liegen oder lehnen; ob Sie allein
im Raum sind, an einem belebten Ort oder im Zug: Lächeln Sie.

Ob nach außen sichtbar oder nur nach innen spürbar; ob mit
offenen oder geschlossenen Augen; ob beim Einatmen oder beim
Ausatmen: Lächeln Sie.

Je rechtzeitiger es einen »Sprung zur Seite« gibt, je eher ein
eigenständiger Blick quasi von außen auf sich selbst erfolgt, desto
früher kann damit begonnen werden, dieses Versäumnis zu vermeiden. Ein mit Hilfe eines achtsamen Lebens entwickelter
Geist wird sich wach und frei zeigen. Die auf diese Weise mögliche Überwindung von Zuständen der Angst, des Abgetrennt-
seins und der Unwissenheit ist eine gute Basis für ein Leben, das
sich heil und friedlich anfühlt. Es wird sich gelassen und vorbehaltlos allen Facetten des Daseins stellen und mit ihnen in eine
harmonische Beziehung treten können.

Auf gesellschaftlicher Ebene stellt sich diese Situation ähnlich
dar. Auch hier besteht die Gefahr, dass die Erkenntnis, einen
unheilsamen Weg zu gehen, erst erfolgt, wenn es (fast?) zu spät
ist. Schon ein »kleiner Sprung des Geistes«, sei es in die Vergangenheit, in noch eigenständige Regionen des Planeten oder in die
Gedanken- und manchmal auch Praxiswelt vieler Vordenkerin-

nen und Außenseiter macht die Einseitigkeit der gegenwärtigen Orientierungen deutlich.

Gleichzeitig zeigt sich durch diesen veränderten Blickwinkel die ungeheure Vielfalt der Möglichkeiten, die augenblickliche Ordnung liebevoller, gleichberechtigter, mitweltschonender, gemütlicher, gemeinsamer und wertschätzender, mit einem Wort heilsamer zu gestalten, auszuleben und zu genießen.

Und wenn auf diese Weise – sozusagen als neue Leitlinien und unter dem Dach der Achtsamkeit – Präsenz, Wachheit und Gleichmut ein Gefühl des vollständigen Heimischseins auf diesem Planeten entstehen lassen und zu einem von heilender Hinwendung zu allen anderen Wesen bestimmten Handeln führen, kann jeder Moment des Lebens als ein wundervoller Augenblick empfunden und gestaltet werden.

Absichtslos das Beste geben

Vor einigen Jahren wurde ich am Ende einer Taijiquan-Kurs-stunde von einer Teilnehmerin in ein Gespräch verwickelt, in dem sie ihre Probleme im Schulunterricht schilderte (sie machte zu dieser Zeit eine Ausbildung als Lehrerin). Sie sei jedes Mal frustriert, weil sie den Schülern und Schülerinnen nie das bei-bringen könne, was sie sich in ihrer Stundenvorbereitung als Plan ausgedacht habe. Da meine nächste Kursgruppe schon wartete, verabschiedete ich sie etwas abrupt mit dem kurzen Satz: »Ver-giss, was du dir vorgenommen hast und gib einfach dein Bestes!« Einige Wochen später meinte sie, dieser Hinweis habe ihr sehr geholfen.

Auf diese Weise wurde ich von einer ganz anderen Richtung her an ein Wort erinnert, das zum Hintergrund der Taijiquan-Praxis gehört: *wuwei*. Dieser aus dem Daoismus stammende Begriff wird mit »Nicht-Tun« übersetzt und bezeichnet »die Hal-tung des Nicht-Eingreifens in den natürlichen Lauf der Dinge, ein spontanes Handeln, das sich völlig unvorbedacht und frei von Absichten der jeweiligen Situation anpasst. *Wuwei* bezeichnet ein von jeder Begierde und Gerichtetheit freies Handeln«.[6]

Auch wenn »diese Haltung der eines daoistischen ›Heili-gen‹«[7] entspricht und damit idealtypisch gemeint ist, kann Wuwei durchaus zu einer Veranschaulichung der Achtsamkeits-praxis beitragen. Jeder neue Augenblick bietet nicht nur die Chance, etwas achtsamer zu sein, sondern enthält auch die Mög-lichkeit, diese Handlung aus der geistigen Haltung des »Gleich-muts« heraus zu vollbringen, denn wenn Wuwei zum Weg wird, lässt sich »Gelassenheit« als Grundhaltung eines achtsamen Lebens besonders tief gehend motivieren. Pläne und Ziele, Wollen und Sehnsüchte lösen sich auf zugunsten eines vorbehalt-losen Fließens in der Gegenwart, in der alle vorhandenen Fähigkeiten wirksam und neue Erfahrungen sofort integriert werden können.

Auf Grundlage des ungerichteten Handelns kann auch die Beziehung zwischen Lehrenden und Lernenden in einem neuen Licht erscheinen. Wenn die Lernenden den Lehrenden eine gewisse Absichtslosigkeit unterstellen und sie mehr als Partner beziehungsweise Partnerin betrachten, gibt es kein »Lerngefälle« mehr. Der Wissens- und Erfahrungsvorsprung der Lehrenden kann von den Lernenden auf diese Weise als offenes Angebot und als eine großzügige Hilfe aufgefasst werden.

Die Autoritäten »vom Sockel« herunterzuholen und sie damit als letztlich gleichwertig zu betrachten gilt selbstverständlich auch für das Lernfeld »Achtsamkeit«. Gerade in diesem Bereich sprechen viele Lehrende nämlich oft von Loslassen und der Verwandlung von Abhängigkeiten in Selbstbewusstheit und Freiheit, *nachdem* sie selbst oft über Jahre und Jahrzehnte viele Umwege gingen, jede Menge Fehler machten und sich gegenüber ihren eigenen Lehrenden behaupten und sich von ihnen »emanzipieren« mussten. All dies können sie ihren Schülerinnen und Schülern auch durch noch so gut aufbereitete Vorträge nicht vermitteln, denn letztlich müssen diese ihre Erfahrungen selbst durchleben, um wirklich etwas zu lernen. Sehr schön drückt diese Haltung ein Zen-Spruch aus: »Trotte nicht in den Fußstapfen der Lehrer. Suche, was sie gesucht haben.«

Wichtiger als ein Vorbild oder eine Orientierung an einer Person ist dann schon eher die Identifikation mit dem Inhalt. Als ein gutes Beispiel kann hier der Buddha gelten, der sich weigerte, einen Nachfolger oder eine Nachfolgerin zu ernennen, und auf seine Lehre als höchste Orientierung verwies und daran erinnerte, dass jeder Mensch durch eigenes genaues Hinschauen alle Weisheiten in sich selbst finden könne.

In sich selbst »Nirvana«, also Nicht-Angst, Leere und Freiheit, zu entdecken, rückt die so genannte Buddha-Natur ins

Blickfeld, nämlich die in jedem Wesen verankerte Fähigkeit zum »Erwachen«, was nichts anderes bedeutet, als ganz bewusst in dieser Welt anzukommen. Wem diese Aussicht gefällt, kann sich mit diesem »Ideal« – auf Grund einer bewussten und selbst gefassten Entscheidung – doch wieder so etwas wie eine Absicht oder ein Vorbild »auf den Sockel« stellen. Der Versuch, die eigene »Buddha-Natur« durch die Praxis der Achtsamkeit zu verwirklichen, wird auf diese Weise zu einem zentralen Bestandteil des geistig-spirituellen Weges.

Gönnen Sie sich mindestens einmal am Tag eine bewusste Erinnerung an Ihr eigenes geistig-spirituelles Potenzial und Ihre Sehnsucht nach einem friedlichen, liebevollen und glücklichen Zusammenleben, indem Sie den folgenden Text schweigend oder mit leiser Stimme lesen. Besonders wirksam ist es, wenn er regelmäßig in einer Gruppe rezitiert wird. Er fasst das »Bodhisattva-Gelübde der Mahayana-Tradition des Buddhismus« zusammen und kann selbstverständlich kreativ ergänzt werden:

»Die Lebewesen sind zahllos. Ich werde helfen, sie zu befreien! Die inneren Konflikte sind endlos. Ich werde sie beenden! Die möglichen Erkenntnisse sind unermesslich. Ich werde sie verwirklichen! Der Weg der Buddhas ist groß. Ich werde ihn bis zu Ende gehen!«[8]

Etwas technisch gesehen kann die Rolle der Lehrenden zunächst sogar mit einem Katalysator verglichen werden, der allein durch seine Anwesenheit eine (chemische) Reaktion ermöglicht oder verbessert. Während jedoch der Katalysator neutral ist und sich nicht verändert, bleiben Lehrende zwar unabhängig, sind aber gleichzeitig am Ablauf des Geschehens beteiligt und verändern sich oder »wachsen« im Idealfall selbst mit.

Sehr nahe scheint beispielsweise Suzuki Roshi (Gründer des Zen-Centers in San Francisco) diesem Ideal gekommen zu sein, wenn er wie folgt beschrieben wird: »Er verkörpert Schwung, Dynamik, Offenheit, Klarheit, Schlichtheit, Heiterkeit, unglaubliche Weitsicht (…) aber im Grunde sind es nicht die außergewöhnlichen Eigenschaften dieses Lehrers, die beeindrucken und tief bewegen, es ist seine vollkommene Natürlichkeit. Weil er ganz er selbst ist, ist er für seine Schüler ein Spiegel. (…) In seiner Gegenwart erkennt man sein wahres Gesicht, und das Außergewöhnliche, das man wahrnimmt, ist die eigene wahre Natur«.[9]

Rat vom Radler

In einer Stadt in den Niederlanden gibt es einen Fahrradladen, in dem ein etwas rundlich geratener Mann (er ist um die 40 Jahre alt, bartlos, Ringe im Ohr und am Finger) für die Reparaturen zuständig ist. Er scheint seine Arbeit zu lieben. Sobald er morgens die Werkstatt betritt, repariert er Fahrräder. Das macht er bis zum Feierabend.

Seine Preisgestaltung ist flexibel. Arme Studenten müssen nicht unbedingt weniger bezahlen oder Plaudertaschen mehr. Hübsche Mädchen haben keinen Bonus und zittrige Drogenabhängige keinen Nachteil. Manche glauben, wenn sie freundlich sind, wird's günstiger, aber das nützt nur, wenn's ehrlich ist. Schauspielerei scheint der Radler nicht zu mögen.

Ob es an seiner Stimmung liegt? Als ein eiliger Geschäftsmann seinen Wunsch mit Tränen in den Augen vorbringt, ist die Kette im Handumdrehen fast kostenlos ersetzt. Einer arroganten Blondine, die ihr Titanrad am liebsten »umsonst« repariert haben möchte, rückt er das teure Vehikel erst heraus, nachdem sie die verlangten 100 Euro bezahlt hat. Als ihn die

Chefin ausnahmsweise fragt, was los ist, antwortet er: »Sie hat bekommen, was sie braucht.«

Denn eine Bedingung hat er gestellt, als er den Job übernahm: Direktkontakt mit der Kundschaft. Wer sein Rad bringt und abholt, muss mit ihm verhandeln.

Im Grunde wird nur über Speichen, Öl, Ventile, Lager, Bremsen, Rahmen und Schrauben geredet. Wer sich darauf einlässt, wundert sich oft, wie viel er oder sie selbst über Fahrräder weiß. Und alle spüren, dass dabei noch etwas anderes mitschwingt. Unmerklich werden sie mit ihrem Rad verglichen. Mal wird »die Spur wieder eingestellt« oder es kommt »auf die richtige Übersetzung an«. »Mit etwas Öl läuft es wie geschmiert«, heißt es, oder »bloß nicht zu leise klingeln«, »ein stabiler Rahmen ist wichtig« und »auch ein Fahrrad braucht ein bisschen Liebe …«

Einige behaupten, der Radler sei wie ein Spiegel. Andere halten ihn für einen Menschenkenner. Die meisten mögen ihn ganz einfach, und wenn sie gefragt werden, warum, sagen sie manchmal: »Weil er genau zuhört und irgendwie ganz er selbst ist.« Die zu ihm gehen, nehmen anschließend nicht nur ein heiles Rad mit, sondern wissen auch, wie es ihnen selber geht. Meistens fühlen sie sich besser, zumindest aber klarer.

Wenn sich somit aus verschiedenen Blickwinkeln die eigene Bedeutung für die »bewusste gelassene Annahme der gegenwärtigen Erfahrung« bestätigt, zeigt sich das eigentliche Vorbild. Der Wunsch und die Fähigkeit, den eigenen Erlebnissen und Einsichten zu vertrauen und sich auf diese Weise selbst zu akzeptieren und zu lieben, weist auf sich selbst als den wichtigsten Lehrer oder die wichtigste Lehrerin hin.

Auf dieser Grundlage anderen Personen, Gruppen oder Gemeinschaften zu begegnen, kann von einem überaus intensiven Wohlgefühl begleitet sein. Wer mit Menschen zu tun hat, die sich bewusst um ein achtsameres Leben bemühen, trifft gleichzeitig auf Versuche, in dieser Hinsicht »das Beste« zu geben und Zuneigung und Respekt, Präsenz und Mitgefühl, Offenheit und Toleranz sichtbar werden zu lassen und das gegenseitige Wachstum zu fördern.

Dies darf jedoch nicht darüber hinwegtäuschen, dass der heutige Zeitgeist eine solche Lebenspraxis nicht gerade fördert. Im Gegenteil: »Niemand anderes zu sein als man selbst, in einer Welt, die alles daran setzt, dich zu jemand anderem zu machen, ist die schwerste Aufgabe überhaupt und bedeutet unablässige Anstrengung«.[10]

Die Bemühungen, sich selbst zu vervollkommnen, werden (neben einigen weiteren im eigenen Inneren verankerten Ungereimtheiten) von mindestens einem Phänomen gestört, das ich in diesem Buch überwiegend mit der Kurzformel »Gier« zu benennen versucht habe. Wer das nach diesem Leitprinzip antrainierte Verhalten einfach so in ein vermeintlich absichtsloses Tun mit hineinnimmt, wird nicht achtsam handeln können, sondern unheilsam gegenüber sich selbst und der Mitwelt bleiben. Auf diese Weise wird an einer fehlgeleiteten Vergangenheit festgehalten und ihre unheilvolle Auswirkung auf die Zukunft ignoriert. Vor allem aber werden die menschlichen Handlungsmöglichkeiten in der Gegenwart nicht vollständig genutzt.

Achtsamkeit fällt nicht vom Himmel, ist nicht zum Nulltarif zu haben und bleibt nicht ohne Auswirkungen auf das bisherige Leben. Es wäre »fast zu schön, um wahr zu sein«, wenn das angelernte Verhalten einfach so beibehalten werden könnte, nur eben lockerer und jovialer und möglicherweise mit einem noch aufgeblähteren Ego. In der heutigen Zeit ist wahrscheinlich kein Mensch so gepolt, dass er seine Gewohnheiten einfach nur gelassener auszuleben braucht, um achtsam und heilsam zu sein.

Im Gegenteil: Gerade die bewusste Entschleunigung und die meditative Praxis verdeutlicht die Unterschiede zwischen diesem herkömmlichen und einem achtsamen Verhalten. Dennoch braucht die Entdeckung dieser Diskrepanz nicht zu einem Dilemma zu führen.

Es mag oberflächlich betrachtet zwar oft danach aussehen, als wenn das Leben in dieser Welt unvollkommen und der Mensch der Gipfel dieser Unvollkommenheit ist. Bei genauerem Hinsehen und einem geistigen Durchdringen dieser Welt offenbart sich allerdings ein anderes Ergebnis, denn im Grunde ist sie makellos. Wenn dem nicht so wäre, würde es die Welt entweder gar nicht geben, oder sie würde nicht funktionieren. Letzteres vollbringt sie jedoch in einer bewundernswerten Perfektion, die es beispielsweise Ihnen und mir möglich macht, mit Hilfe dieses Buches gedanklich miteinander verbunden zu sein.

Ob diese grundsätzliche Vollkommenheit nun Brahman, Nirvana, Leerheit, Dao, Gott, Allah, Mu, Existenz, Natur, Essenz, Kosmos, Ursuppe, Universum, Großes Ganzes, Welt an sich, Grund des Seins, Wahrheit, Wirklichkeit oder »Iris im Garten« genannt wird, drückt nur die unterschiedlichen Zugangsmöglichkeiten des Menschen zu dieser vollkommenen Welt aus. Es erscheint jedenfalls zutiefst unsinnig zu sein und dem Wesen des Menschen nicht zu entsprechen, sich von der vollkommenen Gegenwart dieser Welt zu entfernen. Es kann nicht darum gehen, das Leben bewusst noch etwas unvollkommener zu machen, sondern nur darum, sich dem Vollkommenen zu nähern.

Geh-Meditation – Schritte in der Nicht-Angst

Die Geh-Meditation ist die leichteste und gleichzeitig auch die schwierigste aller Übungen, die ich Ihnen vorstellen möchte. Leicht erscheint sie deswegen, weil sie eine sehr bekannte Bewegung aufgreift. Da sie jedoch mehr als alle anderen Praktiken dazu herausfordert, die »Schonräume« zu verlassen und sich für eine Anwendung im ganz normalen Alltagsleben besonders gut eignet, erhöht sich ihr Schwierigkeitsgrad enorm.

Vielleicht haben Sie schon einmal genau darauf geachtet, was beim Gehen alles geschieht: Wie Sie den Fuß aufsetzen, die Fußsohle abrollen und die Ferse heben, ob Sie die ganze Sohlenfläche nutzen und Ihr Gewicht allmählich oder eher abrupt verlagern; wie die Knie an den Schritten beteiligt sind, wie sich Ihr Becken dabei bewegt und ob das Gehen Einfluss auf die Stellung Ihrer Wirbelsäule hat. Und würden Sie Ihr Gehen als »aufrechten Gang« bezeichnen?

Ist Ihnen schon einmal aufgefallen, dass Sie nicht nur gehen, sondern bei jedem Schritt gleichzeitig auch fallen? Vielleicht gehen Sie gar nicht, sondern fallen ständig. Mit jedem Schritt fallen Sie leicht nach vorne und fangen sich mit dem vorderen Bein wieder auf. Immer wieder schleudern Sie ein Bein so voraus, dass es schon beim ersten Bodenkontakt eine Menge Gewicht aufnehmen muss. Ihr vorderer Fuß berührt den Boden nicht sanft, sondern plötzlich. Er muss jedes Mal Ihr nach vorn geworfenes Gewicht auffangen, weil Sie sich nämlich sonst nicht halten können. Sie können nicht mehr zurück – Ihr Gewicht reißt Sie förmlich nach vorn. So ist Ihr Gehen: ständiges Fallen.[11]

Vielleicht meinen Sie, das ginge gar nicht anders. Dabei ist der Unterschied nur graduell und von außen kaum zu sehen. Es beginnt mit einem winzigen Zurücklehnen beziehungsweise Aufrichten der Wirbelsäule, so als ob Sie ein klein wenig größer werden. Dadurch gehen die Schultern etwas zurück und der Kopf hebt sich. Wenn Sie dann eine minimale Verzögerung bei der Schwerkraftverlagerung und dem Aufsetzen des Fußes vornehmen, wenn Sie das Gewicht in Ihrem noch belasteten Fuß eine Millisekunde länger zurückhalten, wenn Sie den vorderen Fuß nur einen winzigen Augenblick lang ohne Gewicht den Boden berühren lassen – schon hat sich alles geändert. Aus dem Gehen ist ein Schreiten geworden, aus dem Fallen ein Schlendern, aus dem Hasten ein Spaziergang.

Die kaum messbare Entschleunigung hat die ruckartige Gewichtsverlagerung zu einem fließenden Vorwärtskommen werden lassen. Die unmerkliche Verlangsamung verwandelt das Gefühl des Getriebenwerdens in ein aufgerichtetes Selbstvorantreiben. Das scheinbare Abbremsen macht die zackig-harte Fortbewegung zu einem sanften Hinübergleiten und zu einem bewussten und beruhigten Gang, der manchmal sogar ein Gefühl von Gemächlichkeit hervorruft. Darüber hinaus kann sich der Eindruck einstellen, Sie könnten jederzeit den begonnenen Schritt noch vermeiden beziehungsweise sich noch für ein Zurücktreten entscheiden, in Ihrem Bewusstsein bis zur Haltung verdichten, Sie würden jeden Schritt ungetrieben, sozusagen bis zum allerletzten Moment freiwillig tun.

»Ganz schön schwierig!«, werden Sie jetzt vielleicht denken. Seien Sie beruhigt: Es gehört keineswegs zur Geh-Meditation, sich ständig Gedanken über den Unterschied zwischen Gehen und Schreiten zu machen. Ich habe Ihnen dieses Phänomen hauptsächlich deshalb ein wenig ausführlicher beschrieben, um Sie zu motivieren, bei der Geh-Meditation Ihre Geschwindigkeit ein wenig zu drosseln und Ihre nach innen gerichtete Achtsamkeit zu erhöhen.

Einfacher und ergiebiger ist – wie so oft – die bewusste Ein- und Ausatmung. Sie macht aus einer alltäglichen Handlung eine Übung. Dabei gilt es, Schritt- und Atemfolge miteinander zu verbinden. Beispielsweise können Sie bei jedem linken Schritt ein- und bei jedem rechten Schritt ausatmen. Auf diese Weise ergibt sich ein sehr langsames Gehen. Für mich bietet sich diese Kombination in drei Fällen an: erstens beim Wandern in den Bergen, vorzugsweise bei steilen Aufstiegen, und zweitens an Stellen, an denen ich mich unbeobachtet fühle (am Strand, im Wald oder im Garten).

Drittens wird diese Art des Gehens in vielen Meditationsgruppen zwischen den Sitzphasen praktiziert. Sie dient einem doppelten Zweck: Einerseits werden auf diese Weise die vom langen Sitzen möglicherweise verspannten Muskeln wieder gelockert; andererseits kann durch eine konzentrierte Atembeobachtung während des gemeinsamen Gehens die meditative Haltung aufrecht erhalten bleiben. Diese Art der Geh-Meditation wird oft als *kinhin* bezeichnet.

Andere Schrittkombinationen ermöglichen andere Anwendungsfelder. Wenn Sie bei jedem Einatemzug zwei Schritte und bei jedem Ausatemzug ebenfalls zwei Schritte gehen, können Sie diese Übung unauffällig in jedem Park, auf dem Weg zum Bäcker und sogar bei einem als Schaufensterbummel getarnten Gang durch die Fußgängerzone einer größeren Stadt probieren. Letzteres erfordert allerdings schon ein wenig mehr Erfahrung und Konzentration. Selbstverständlich gibt es auch die Möglichkeit, drei zu drei, drei zu zwei oder gar vier zu vier Schritte pro Ein- beziehungsweise Ausatemzug zu machen. Allerdings tritt dann der Konzentrationsaspekt dermaßen in den Vorder- grund, dass von Entschleunigung kaum noch die Rede sein kann.

Gerade bei der Geh-Meditation zeigen sich die Haupt- hindernisse für eine meditative (und auch spirituelle) Pra- xis im Alltag oft besonders stark: »Was denken die Leute? Warum mache ich das denn überhaupt?« Hier offenbart sich nämlich, dass Meditation nicht dauerhaften Rückzug bedeutet. Zwar ist es aus Trainingsgründen empfehlens- wert, Übungsorte herzurichten und zu nutzen, aber das wahre Übungsfeld ist das wirkliche Leben. Thich Nhat Hanh, der als »Erneuerer« und »Wieder-Erfinder« der Geh-Meditation gelten kann, hat diesen Zusammenhang einmal wie folgt ausgedrückt: »Das Leben ist nicht ein bestimmter Ort oder ein Ziel. Das Leben ist ein Weg. Gehmeditation praktizieren ist gehen, ohne anzukom- men. Jeder Schritt kann uns Freude, Frieden und Befrei- ung bringen. Das ist der Grund, warum wir im Geist der Absichtslosigkeit gehen.«[12]

Von ihm stammt auch der Vorschlag, bei einer inten- siven Geh-Meditation die Schritte außer mit der Atmung auch mit einer Satzfolge zu verknüpfen. So können Sie sich beim ersten Schritt im Geist sagen: »Ich bin angekom- men!« Beim zweiten Schritt lautet der Gedanke: »Ich bin zu Hause!« Wenn Sie's lieber kürzer und in französischer Sprache mögen, heißt die Formel: »Oui!« und »Merci!«

Oder fahren Sie lieber Rad als durch den Wald zu gehen? Vielleicht kennen Sie einige Streckenabschnitte ohne viel

Verkehr und mit wenig Steigungen, wo Sie ein wenig das Tempo drosseln und in einer gleichmäßigen Geschwindigkeit fahren können. Wenn Sie dann noch die optimale Übersetzung einstellen, steht einer Kombination von Atmung und Pedalumdrehung nichts mehr im Wege. »Fahrrad-Meditation« – warum nicht? Das Gleiche gilt fürs Joggen. Wenn Sie Schritte und Atmung kombinieren und sich nicht – wie ich es einmal auf einem Spaziergang mitbekam – während des Laufens über die gestiegenen Preise für Gebrauchtwagen unterhalten, dann steht einer meditativen Beruhigung nichts im Wege.

Besonders einprägsam und gerade auch für Kinder sehr spannend sind die »Fühlkästen«, die leicht selbst herzustellen sind. Sie benötigen dazu ein paar Kartons, die Sie mit verschiedenen Materialien auslegen; zum Beispiel mit Sand, Kieseln, feuchter Erde, Herbstlaub, Pflastersteinen, Teppichresten, einer Plastiktüte oder anderen Materialien. Barfuß und mit verbundenen Augen macht es besonders viel Spaß, die jeweiligen Beläge zu spüren und zu erraten.

Alles kann entschleunigt werden. Wer noch nie ein an sich ziemlich fades Stück Weißbrot fünfzigmal langsam gekaut hat, wird nicht erleben, welch einen köstlichen Geschmack dieser Stoff entwickeln kann. – Zähneputzen kann – vielleicht sogar mit einer Elektrobürste – mit einer bewussten Aufmerksamkeit gefüllt werden, wenn die Hin- und Herbewegung langsam erfolgt oder wenn ein Zahn nach dem anderen gereinigt wird. Und nicht nur japanische Zen-Lehrende beantworten Fragen nach dem Sinn der Meditation oft mit der Aufforderung: »Geh' und wasch' Deine Essschale!«

Das Telefon könnten Sie mindestens dreimal klingeln

lassen, bevor Sie zum Hörer greifen, damit Sie Zeit für mindestens einen bewussten Atemzug haben, der Ihnen das geistige Umschalten von Ihrer bisherigen Tätigkeit auf das nun folgende Gespräch erleichtern wird.

Kommen Sie zu Ihren Verabredungen einfach zwei bis fünf Minuten zu früh, die Sie »um die Ecke« oder vor der Tür wartend verbringen. Atmen Sie bewusst, beruhigen Sie sich nach der möglicherweise etwas hektischen Anreise und freuen Sie sich auf das bevorstehende Gespräch.

Wie immer gilt auch bei diesen Beispielen: Seien Sie erfinderisch.

Vielleicht können Sie sich – während einer Geh-Meditation? – einmal fragen, wo die Zeit bleibt, die Ihnen durch die Finger zu rinnen scheint. In der Regel verschwindet sie in den vielen Dingen, mit denen Sie meist in Eile und oft ohne bewusste innere Beteiligung, sozusagen automatisch in Kontakt sind. Durch Entschleunigungsübungen können Sie nicht nur wieder zu einer intensiveren Beziehung mit sich selbst kommen, sondern auch einen beträchtlichen Teil der »verlorenen« Zeit zurückgewinnen.

Durch Entschleunigung können Sie reich werden – reich an Zeit. Durch das bewusste Gehen, Abwaschen, Zähneputzen und Warten nehmen Sie Kontakt zu Ihrem Zeitgefühl auf. Es ist wieder Ihre Zeit, Ihre »Eigenzeit«[13].

Selbstverständlich vergeht die Zeit im Grunde gleich schnell – ob Sie sich ihr nun bewusst sind oder nicht. Sie sollten aber nicht unterschätzen, dass sich »Zeit-Bewusstheit« allmählich verselbstständigt, indem sie quasi von sich aus zu einem veränderten Umgang mit der Zeit herausfordert. Vielleicht reduziert sich Ihr TV-Konsum, ohne dass Sie das groß beabsichtigt haben. Oder Sie haben unmerklich aufgehört, die Tageszeitung zu überfliegen, sondern lesen nur noch wenige Artikel, diese aber gründlich. Und wenn sich dann auch noch die Länge des Abschiedskusses verdoppelt, den Sie Ihrer Partnerin oder Ihrem Partner jeden Morgen geben, dann haben Sie wirklich viel gewonnen.

Ohne Zweifel können alle Lebensäußerungen achtsam geschehen und der gesamte Alltag von dieser Grundhaltung durchdrungen sein. Dies entwickelt sich leider nicht von selbst. Insbesondere die Geh-Meditation kann als »Mittelding« zwischen »Übung« und »Alltag« genutzt werden. Gehen ist eine selbstverständliche Aktivität, die täglich mehrfach vollbracht wird. Um sie mit ein wenig Atemachtsamkeit zu kombinieren und damit mit Bewusstheit zu füllen bedarf es im Grunde nur einer Entscheidung. Dies kann völlig unbeobachtet und unauffällig gelingen. So kann der Gang zur Toilette und der Wechsel des Raumes ein kurzer Anlass sein, bei sich selbst anzukommen. Wenn Sie für diesen kurzen Zeitraum etwas Ruhe finden, dann wird sich diese Stimmung nicht nur auf die folgenden Minuten im Büro oder in der Küche auswirken, sondern allmählich werden Gefühle wie Freude und Nicht-Angst sogar bei einer vormals so gewöhnlichen Handlung wie dem Treppensteigen entstehen können.

Apropos Warten und Verdoppeln: Wenn Sie wieder einmal vor einer roten Ampel stehen oder sich den Luxus gönnen, eine U-Bahn später zu fahren, um die auf diese Weise gewonnene Zeit mit einer kleinen Geh-Meditation auf dem Bahnsteig zu verbringen, wenn Sie also in Bezug auf Achtsamkeit und Entschleunigung zu den »Fortgeschrittenen« gehören, dann können Sie von einer neuen Disziplin bei den nächsten olympischen Spielen träumen;

einer Disziplin, die ebenso einfach wie revolutionär sein wird: einen Meter gehen, und zwar so langsam wie möglich. Die Regeln: Nur Vorwärtsbewegungen sind erlaubt; Rückwärtsbewegungen führen zur Disqualifikation (mit Lasergeräten oder Scanner leicht zu überprüfen). Drei versehentliche kurze Stopps sind erlaubt (wird mit Blinklicht oder Piepen angezeigt). Gewonnen hat, wer die meiste Zeit für diese Strecke braucht. Keine Altersbegrenzung. Keine geschlechtsspezifische Aufteilung. Wie lange wird der Sieger oder die Siegerin für diese Distanz benötigen? Ob die Goldmedaille wirklich erst nach einer Woche vergeben werden kann? Diese Leistung würde in jeder Hinsicht meinen entschleunigten Beifall finden. Und ich bin mir sicher, auch Sie werden sich nach dieser Bahnsteig-Fantasie achtsam schmunzelnd ins Gedränge im Waggon werfen, selbst wenn Sie Ihre Teilnahme an diesem Wettbewerb nicht ernsthaft in Erwägung gezogen haben.

Epilog: Happy Continuation

Die letzte verantwortliche Frage ist nicht, wie ich mich
heroisch aus der Affäre ziehe, sondern wie eine
kommende Generation weiterleben soll.
DIETRICH BONHOEFFER

Sie haben mich auf meiner Fahrt durch die Ebenen, Täler und Berge der Achtsamkeit bis hierhin begleitet. Es würde mich freuen, wenn Sie dabei ein wenig Neuland betreten konnten. Sie und ich haben nun unsere Reise fortzusetzen, denn mit der Achtsamkeit ist es wie mit dem Leben: ohne Anfang und ohne Ende, immer hier und immer jetzt.

Wenn ich Sie daran erinnern konnte, dass die Erde eine Stimme in Ihnen hat, dann habe ich weder zu viel noch zu wenig gesagt. Entschleunigen Sie sich, und die Achtsamkeit kommt von selbst.

> *Zum Abschluss noch eine kleine Übung.*
>
> *Stehen Sie aufgerichtet und stellen Sie sich vor, ich stehe in gleicher Weise direkt vor Ihnen. Wir schauen uns kurz an, legen die Handinnenflächen vor der Brust zusammen und verbeugen uns.*
>
> *»Vielen Dank für unsere Anwesenheit – im Allgemeinen und im Besonderen. Happy Continuation.«*

Anmerkungen

Prolog

1 Diese Interpretation des Dharma als eine Einladung, selbst genau hinzuschauen, ist mir in den vergangenen 15 Jahren in erster Linie von Thich Nhat Hanh, aber auch durch den Dalai Lama, durch Richard Baker, Marcel Geisser, Willigis Jäger, Sister Jina, Ayya Khema, Sister Chan Khong, Paul Köppler, Joanna Macy, Oliver Petersen, Helga und Karl Riedl, Sogyal Rinpoche, Karl Schmied, Geshe Thubten Ngawang, Alfred Weil und anderen persönlich nahe gebracht worden. Hinzu kamen Anregungen durch Bücher von Stephen Batchelor, Charlotte Joko Beck, Judith Bossert, Hugo M. Enomiya-Lassalle, Tom Geist, Hans Gruber, Jack Kerouac, Jack Kornfield, Nyanaponika Mahathera, Adelheid Meutes-Wilsing, Hans W. Schumann, Sulak Sivaraksa, Daisetz T. Suzuki, Shunryu Suzuki, Christopher Titmuss, Alan W. Watts, Janwillem van de Wetering, Sylvia Wetzel, Volker Zotz und vielen anderen.

Außen Vielfalt, innen Nebel

1 Janwillem van de Wetering, in: Frankfurter Rundschau, 18.1.1986, Seite ZB 2

2 Lexikon der östlichen Weisheitslehren, Bern 1986, Seite 239

3 Sten Nadolny: Die Entdeckung der Langsamkeit, München 1983

Die Sucht des Sehnens

1 Swami Satyananda (Jörg Andrees Elten): Ganz entspannt im Hier und Jetzt – Tagebuch über mein Leben mit Bhagwan in Poona, Hamburg 1979

Im Leben heimisch werden

1 J. R. R. Tolkien: Der Herr der Ringe, Stuttgart 1975, Band 1, Seite 424

2 Dies stimmt nur teilweise, denn die Arbeitszeitverkürzung wird durch längere Anfahrten und die Ausdehnung der unbezahlten Arbeit mehr als ausgeglichen; über die Hälfte aller Erwerbstätigen kennzeichnen ihren Job mittlerweile als »high speed work« (siehe Anmerkung 3).

3 Manfred Garhammer: Wie Europäer ihre Zeit nutzen (Habilitation), Berlin. Zitiert nach Weltbild Magazin 16/99, Seite 27

4 Karlheinz Geißler: Vom Tempo der Welt, Freiburg, zitiert nach Weltbild Magazin 16/99, Seite 26

5 Grenzenloses sein. Eine Festschrift zum 70. Geburtstag der Erw. Ayya Khema, Oy-Mittelberg 1993

6 Monika Lind, Gabi Lind: Taijiquan & Qigong Lexikon, Hamburg 1995, Seite 111

7 Stefan Palos: Atem und Meditation, Weilheim 1968. Foen Tjoeng Lie: Wissenwertes vom Qi-Gong, Hamburg 1993. Joachim Pongratz: Qi-Gong im Alltag, München 1994. Ulli Olvedi: Yi Qi Gong – Das Stille Qi Gong nach Meister Zhi-Chang Li, Bern 1994. Josephine Zöller: Das Tao der Selbstheilung, München 1984. Yves Requena: Qi Gong,; München 1992. Kenneth Cohen: Qigong, Frankfurt 1998. Barbara Schmid-Neuhaus, Liane Schoefer-Happ, Dieter Mayer-Allgaier: Qigong, Akupressur und Selbstmassage (VHS-Kursbuch), Stuttgart 2001

Das größte Glück

1 R.E.M. (Michael E. Mills, William Thomas Berry, Peter Lawrence Buck & John Michael Stipe): R.E.M. – Losing my Religion (CD), 1991 (Originaltext: »Every whisper, of every waking hour, I'm choosing my confessions«)

2 Mahamangala Sutta, Suttanipata 1, zitiert nach Thich Nhat Hanh: Der Buddha sagt, Berlin 2002, Seite 18 ff.

3 Werner Hofmann: Die Moderne im Rückspiegel. Hauptwege der Kunstgeschichte, München 1998, Seite 381

Immer radikal, nie konsequent

1 Lexikon der östlichen Weisheitslehren, Bern 1986, Seite 356
2 Ayya Khema: Das Geheimnis von Leben und Tod (Originaltitel »Morgenröte im Abendland«), Bern 1991, Seite 23 f.
3 Thich Nhat Hanh: Die fünf Pfeiler der Weisheit, Bern 1994
4 Thich Nhat Hanh: Die Sonne, mein Herz, Berlin 1998, Seite 48
5 Lexikon der östlichen Weisheitslehren, Bern 1986, Seite 368 & 370
6 Petra Kobayashi: Der Weg des T'ai Chi Ch'uan, München 1984, Seite 16
7 Frieder Anders: Taichi, Kreuzlingen 1980. Cheng Man-ch'ing: Dreizehn Kapitel zu T'ai Chi Ch'uan, Basel 1986. Toyo & Petra Kobayashi: T'ai Chi Ch'uan – Einswerden mit dem Tao, München 1993. Linda Lehrhaupt: Stille in Bewegung – Tai Chi und Qi Gong, Berlin 2001. Helmut Oberlack: Tai Ji Quan – beweglich, entspannt und gelassen, München 1996

www.wobinichdennhier?

1 Joanna Macy: Die Wiederentdeckung der sinnlichen Erde, Zürich/ München 1994 (Seite 19, 31, 246)
2 Stephen Hawking: Das Universum in der Nussschale, dtv 2001, Seite 166 f.
3 Dalai Lama/Torsten Andreas Hoffmann: Die Klarheit des Geistes, Berlin 2003

Das letzte Konstrukt

1 Alan W. Watts: ZEN – Tradition und lebendiger Weg, Rheinberg 1981, Seite 114
2 Adelheid Meutes-Wilsing & Judith Bossert: Die Leichtigkeit des Zen – Zen im Alltag, Berlin 2000. Thich Nhat Hanh: Das Wunder der Achtsamkeit, Berlin 1988. Charlotte Joko Beck: Zen im Alltag, München 1990.
Für eine nähere Beschäftigung mit dem Thema »Meditation« siehe: David Fontana: Kursbuch Meditation, Frankfurt 2000. Hans Gruber: Kursbuch Vipassana, Frankfurt 1999. Shunryu Suzuki: Zen-Geist Anfänger-Geist, Zürich 1988

Überall ist Mittelpunkt

1 Vicki Robin, in: BuddhaNetz-Info, Heft 7, Sommer 1999, Seite 30
2 Charlotte Joko Beck: Zen im Alltag, München 1990, Seite 23 und 213
3 Hans Jonas: Dem bösen Ende näher, Frankfurt 1993, Seite 14 (Interview in »Der Spiegel«, 11.5.1992)

Im Wandel wandern

1 Christian Linder: Im Spiegel der Grachten – Die Kriminalromane von Janwillem van de Wetering, Süddeutsche Zeitung, 21.3.1987
2 Christof Friedrich Oetinger (1702–1782)
3 Phra Phaisan Wisalo: Spiritueller Materialismus und die Sakramente des Konsums, in: Lotusblätter 3/2000, Seite 23
4 Hans Jonas: Dem bösen Ende näher, Frankfurt 1993, Seite 22 (Interview in »Der Spiegel«, 11.5.1992)
5 Peter Sloterdijk: »Der Dummheit schaden ...« (Interview in »Focus« 31/2001, Seite 75)
6 Lexikon der östlichen Weisheitslehren, Bern 1986, Seite 448/9
7 Ebenda, Seite 448
8 Ursula Flückiger: Buddhistische Praxis: Selbstaufgabe oder Selbstachtung? In: Lotusblätter, 3/2002, Seite 39. Siehe auch: Judith Bossert/Adelheid Meutes-Wilsing: Zen für jeden Tag, München 1994, Seite 49
9 Trudy Dixon, in: Jack Kornfield: Das Tor des Erwachens, München 2001, Seite 255 f.
10 E.E. Cummings; in: Jack Kornfield: Das Tor des Erwachens, München 2001, Seite 255
11 s.a.: Laurie Anderson: Big Science (LP), 1983, Song: »Walking and Falling«
12 Thich Nhat Hanh: Unsere Verabredung mit dem Leben, Zürich 1991, Seite 52. Sehr empfehlenswert auch seine Anleitung der Gehmeditation in »Der Geruch von frisch geschnittenem Gras«, Berlin 2002
13 Helga Nowotny: Eigenzeit. Entstehung und Strukturierung eines Zeitgefühls, Frankfurt 1989